U0856441

◎京师国际刑事法文库（15）

◎外国刑事法翻译系列之七

朝鲜民主主义人民共和国刑法典

CRIMINAL LAW OF THE DEMOCRATIC PEOPLE'S REPUBLIC OF KOREA

陈志军　译

中国人民公安大学出版社

·北　京·

图书在版编目（CIP）数据

朝鲜民主主义人民共和国刑法典/陈志军译．—北京：中国人民公安大学出版社，2008.5

（京师国际刑事法文库．外国刑事法翻译系列；7）

ISBN 978-7-81139-087-2

Ⅰ．朝…　Ⅱ．陈…　Ⅲ．刑法—法典—朝鲜

Ⅳ．D931.24

中国版本图书馆 CIP 数据核字（2008）第 053274 号

朝鲜民主主义人民共和国刑法典

CHAOXIAN MINZHU ZHUYI RENMINGONGHEGUO XINGFADIAN

陈志军　译

出版发行：中国人民公安大学出版社
地　　址：北京市西城区木樨地南里
邮政编码：100038
经　　销：新华书店
印　　刷：北京蓝空印刷厂

版　　次：2008 年 5 月第 1 版
印　　次：2008 年 5 月第 1 次
印　　张：4.5
开　　本：880 毫米×1230 毫米　1/32
字　　数：101 千字
印　　数：0001～3000 册

ISBN 978-7-81139-087-2/D·078
定　　价：17.00 元

本社图书出现印装质量问题，由发行部负责调换
联系电话：（010）83903254

版权所有　侵权必究

E-mail：cpep@public.bta.net.cn

www.phcppsu.com.cn　　www.porclub.com.cn

北京师范大学刑事法律科学研究院
京师国际刑事法文库

总　序

20世纪70年代末80年代初以来，为顺应现代社会发展进步的历史潮流，在坚定不移地推行改革开放的基本国策的同时，中国政府尤为注重社会主义法治的建设与发展。随着立法日益健全，司法不断完善，法学欣欣向荣，国家和社会已经步入现代法治的轨道，从而有力地维护和推动了经济、政治、文化乃至整个社会全方位的发展与进步。在中国社会发展进步的历程中，社会主义法治系统必将发挥日益重要的作用。这一系统的发展完善离不开法学理论的引导和推动。因此，进一步重视法学研究，尤其是外向型、国际型法学研究，无疑具有长远的战略意义，刑法学领域亦然。

北京师范大学刑事法律科学研究院（以下简称研究院）是北京师范大学重点建设的专门从事刑事法学研究的中国刑事法学领域首家并且目前系唯一具有独立性、实体性、综合性的新型学术研究机构和研究生培养单位。研究院立足本国国情，在大力发展中国刑事法学研究的同时，专设国际刑法研究院，关注国际刑法学基础理论建设，并注重对当前国际刑事法理论与实务中热点、难点问题的研究。研究院国际刑法学方面的研究力量，以本单位的教师和博士生为基本队伍，同时聘任、定向联系国内外一些著名大学和研究机构的知名刑事法及国际法专家学者、国际刑事审判机构的法官、联合国暨国际学术研究机构的知名学者。研究院的学术研究范围主要包括：国际刑法的基础理论、国际犯罪、国际刑事审判、国际刑事司法协助与合作等。研究院力图通过课题研究、学术研讨活动以及同国内外专家、学者和学术机构的学术交流与合作研究等多种渠道、多种形式，努力促进与繁荣我国外向型和国际型刑事法学研究，以适应国家在改革开放中加强刑事法制建设的需要。

“京师国际刑事法文库”，是以开拓和繁荣外向型、国际型刑事法学研究为主旨的一种学术载体形式，与研究院的“京师刑事法文库”分工不同、相辅相成。本“文库”在广义上理解国际刑事法，拟出版国内外专家学者在国际刑法、比较刑法、外国刑法等方面的科研成果，可以是专题研究、综合研究，可以是国外、境外法典、著作的译作或介述研究之作，还可以是国内外专家学者的合作研究项目。其中，研究性著作应具有较高的学术水平，译著、介述书籍和工具书、资料书等当有重要的参考价值。

古人云：“合抱之木，生于毫末；九层之台，起于垒土；千里之行，始于足下。”聚沙成塔，集腋成裘。我们希望能通过以文库形式的逐步积累，为我国国际刑法学和其他外向型刑法学的发展脚踏实地地做一点事，为法治之昌盛和社会之进步，作出应有的贡献。

是为序。

北京师范大学刑事法律科学研究院
院长　赵秉志　谨识
2006 年 6 月

College for Criminal Law Science of Beijing Normal University

International Criminal Law Library of BNU

Preface

Since the late 1970s and early 1980s, Chinese government, to be in conformance with the trend of progressive development of modern society, has put a special emphasis on the construction and development of socialist legal system, besides firmly adhering to the principal national policy of reform and opening-up to the foreign countries. Along with the gradual perfection of legislation and judicial practice, legal science thrives and our country and society is stepping to the track of modern rule of law, which further forcefully safeguards and facilitates the development and progress of all fields such as economy, politics, culture and even the whole society. In the course of social development and progress in China, our socialist legal system will certainly play a more and more important role, which, however, is impossible without the legal theory to pilot and drive. In other words, it is of significance of long-term strategy to further reinforce legal science studies (including criminal jurisprudence studies), especially extrovert and international legal studies.

The College for Criminal Law Science of Beijing Normal University, founded in August of 2005, is the first and, at present, the only academic research organ in China specializing in criminal jurisprudence that is independent and comprehensive entity and undertakes the mission of educating postgraduates. Basing itself upon the situation of China, The College, in addition to fully developing the studies on Chinese criminal law, specially establishes the Institute for International Criminal Jurisprudence Studies focusing on constructing the basic theory of international criminal jurisprudence and researching the theoretic and practical hot-topics and difficulties in current international criminal law. The main force of international criminal jurisprudence staffed the College is the professors and doctorate candidates thereof, besides those who are invited as fellow researchers or fellow professors such as famous scholars and specialists engaging in criminal and international law from the prestigious universities and academic organizations home and abroad, judges from the international criminal judicial agencies and famous scholars from UN and international academic research organizations. With respect to the international criminal jurisprudence, the main academic domain of the College covers the basic theory of international criminal jurisprudence, international crimes, international criminal trial, international criminal judicial assistance and so on. The College seeks to facilitate and thrive studies on the extrovert and international criminal law through various channels and programs such as project researches, academic workshops, academic exchange and cooperation with domestic and foreign specialists, scholars and academic organs, so as to meet the requirements of strengthening criminal legal construction in the course of reform and opening up to the foreign countries.

International Criminal Law Library of BNU, undertaking different missions from Criminal Jurisprudence Library of BNU but supplementing each other, seeks to exploit and deepen and thrive the academic researches on extrovert and international criminal jurisprudence. With a broad understanding of international criminal law, the library consists of the academic achievements by domestic and foreign specialists and scholars on international criminal law, comparative criminal law and foreign criminal law, which may be of either special topics or general topics in a rather profound academic level, or introduction or translations of foreign literatures and codifications with much value of references, or research projects co-operated by domestic and foreign specialists.

As an ancient master said, "A huge tree grows from a tiny seedling; A nine-storey tower begins with a pile of earth; A thousand-li journey begins with the first step." "Grains of sand piled up make a pagoda; The finest fragments of fox fur, sewn together, will make a robe." Through the program of library, we seek to accumulate academic fruits and develop the international jurisprudence and other extrovert criminal jurisprudence, so as to make our contributions to the prosperity of rule of law and progress of the society.

Prof. Zhao Bing-zhi
Dean of College for Criminal Law Science
Beijing Normal University
In June of 2006

前 言

朝鲜面积为122762平方公里。位于亚洲东部朝鲜半岛北半部。北部与中国为邻，东北与俄罗斯接壤，南部以军事分界线与韩国相邻。公元1世纪后，朝鲜半岛形成高句丽、百济、新罗三个古国。公元7世纪中期新罗统一了朝鲜半岛。公元918年，朝鲜国王王建定国号为“高丽”。1392年，高丽三军都制使李成桂废除了高丽第三十四代王，自称国王，并改国号为“朝鲜”。1910年8月，朝鲜沦为日本殖民地，于1945年8月15日获得解放，同时，苏、美两国军队以北纬38度线为界分别进驻北、南半部（1948年底苏军撤出，1949年6月美军撤出），朝鲜从此处于分裂状态。1946年2月8日，朝鲜北半部成立临时人民委员会。1947年，朝鲜最高人民会议成立。1948年8月，朝鲜最高人民会议进行选举，同年9月9日，朝鲜民主主义人民共和国宣告成立。1950年6月25日，朝鲜战争爆发，同年10月25日，中国人民志愿军赴朝鲜参战。1953年7月27日，美国被迫与朝中方面在板门店签订停战协定。1958年10月，中国人民志愿军全部撤出朝鲜。1958年，朝鲜宣布完成了城市、农村生产关系的社会主义改造，建立了社会主义经济制度，并于1970年宣布实现了社会主义工业化。1991年9月17日，朝鲜同韩国一道加入联合国。

朝鲜民主主义人民共和国一直重视立法工作，先后制定了1948年宪法、1972年宪法、1992年宪法和1998年宪法。并以宪法为中心构建了一套较为完备的立法体系。刑法立法是朝鲜立法体系的重要组成部分，朝鲜民主主义人民共和国成立后不久，就开始了刑法立法工作。1950 年 3 月 3 日朝鲜最高人民会议第五次会议制定了第一部刑法典，该刑法典总共 301 条，分为总则和分则两编。第一编总则包括十二章：第一章“一般规定”；第二章“刑事政策的一般原则”；第三章“预备和未遂”；第四章“共犯”；第五章“刑罚”；第六章“刑罚的适用程序”；第七章“数罪合并判刑”；第八章“缓刑”；第九章“假释”；第十章“追究刑事责任的时效”；第十一章“赦免”；第十二章“前科消灭”。第二编分则包括十一章：第十三章“危害国家主权的犯罪”；第十四章“妨害国家管理的犯罪”；第十五章“侵害国家财产、社会团体及合作社财产的犯罪”；第十六章“侵犯人身罪”；第十七章“侵犯公民个人财产罪”；第十八章“违反劳动法的犯罪”；第十九章“职务上的犯罪”；第二十章“经济上的犯罪”；第二十一章“妨害管理秩序罪”；第二十二章“危害社会安全和人民健康的犯罪”；第二十三章“军职上的犯罪”。① 1974 年 1 月 19 日最高人民会议常设会议对刑法典进行了第一次修正，将刑法的条文数量减少为 161 条。1987 年 2 月 5 日最高人民会议常设会议决议第 2 号对刑法典进行了第二次修正。1995 年 3 月 15 日最高人民会议常设会议决议第 54 号对刑法典进行了第三次修正。1999 年 8 月 11 日最高人民会议常任委员会政令第 953 号对刑法典进行了第四次修正。2004 年 4 月 29 日最高人民会议常任委员会政令第 432 号对刑法典进行了第五次修正，这是最新的一次修正，将刑法典条文的数量重新增加到 303 条，对内容和体系进行了很大的调整。

① 参见金峰玉、王广宇、李完稷译：《朝鲜民主主义人民共和国刑法》，法律出版社 1956 年 10 月版。

现行的朝鲜刑法典不再设编，直接分为九章：第一章“刑法的基本规定”；第二章“总则”；第三章“反国家和反民族罪”；第四章“侵害国家管理秩序罪”；第五章“侵害社会主义经济罪”；第六章“侵害社会主义文化罪”；第七章“妨害一般行政管理秩序罪”；第八章“侵害社会主义共同生活秩序罪”；第九章“侵害公民的生命财产罪”。从现行朝鲜刑法典来看，其主要内容有：

1．刑法体系

朝鲜刑法典虽然不再设编区分总则与分则，但实际上二者的区分还是非常明显的，这与大多数国家的立法例是相同的。朝鲜刑法体系的特色主要体现在分则：（1）在各类罪的排列顺序上，具有明显的国家本位、社会本位的色彩。其分则规定的七类犯罪中，将侵害公民个人的人身财产权利的犯罪放在分则最后，将危害国家安全、民族自主、国家管理秩序等犯罪置于较靠前的位置。（2）重视对社会文化秩序的保护。设专章规定侵害社会主义文化罪，这与朝鲜一贯重视文化教育事业的做法密切相关。

2．刑法的基本原则

朝鲜刑法典第 2 条至第 7 条规定了刑法的基本原则：

（1）以教育改造为主，配合以相关的法律制裁原则。这是对犯罪分子进行处理的基本原则。刑法典第 2 条规定了这一原则：“国家对于犯罪分子的处理坚定地坚持劳动阶级原则，以教育改造为主，配合以相关的法律制裁。”

（2）对犯罪的防患于未然原则。刑法典第 3 条规定：“国家的所有公民都应该尊重法律，严格地遵守纪律，挺身而出与犯罪行为做斗争，制止犯罪。”

（3）对实施背叛祖国和民族行为的悔悟者从宽处理原则。刑法典第 4 条规定：“虽然有背叛祖国和民族的行为，但为了祖国统一而积极地挺身而出的，国家可以不问过去，不追究其刑事责任。”

（4）自首从宽处理原则。刑法典第 5 条规定：“虽然已经实施了犯罪，但对自身的过错能够真心地悔悟并自首的人，国家给予宽大处理。”

（5）只对刑法规定的行为承担刑事责任的原则。这也可以视为是罪刑法定原则。其规定方式与中国刑法类似，共同的不足在于未指明是“行为时的刑法”。刑法典第 6 条规定：“只对国家刑法中规定为犯罪的行为承担刑事责任。”

（6）量刑兼顾危害程度与悔改程度原则。刑法典第 7 条规定了刑法适用的基本原则：“国家参酌犯罪的严重程度和犯罪分子的悔改程度对其处适当的刑罚。”

3. 刑事管辖权体制

朝鲜刑法典兼采属人原则、属地原则与保护原则确立自己的刑事管辖权体制：

（1）属人原则。朝鲜刑法采取完全的属人原则。朝鲜刑法典第 8 条第 1 款规定：“本法适用于共和国公民。也适用于在共和国领域外实施犯罪的共和国公民。”这与中国刑法有所不同，中国刑法从法定刑上对属人原则的适用范围做出了一定的限制。

（2）属地原则。朝鲜刑法典第 8 条第 2 款规定：“本法也适用于在共和国领域内犯罪的外国人。但是对于享有外交特权的外国人的刑事责任，随时依照外交办法来解决。”

（3）保护原则。朝鲜刑法典第 8 条第 3 款规定：“对于在其他国家反对共和国或者侵害共和国公民的外国人也适用本法。”这与中国刑法有所不同，中国刑法在法定刑和犯罪地两个方面对保护原则的适用范围做出了限制。

4. 犯罪概念

朝鲜刑法典也在立法上规定了犯罪概念，并在实质概念、形式概念和混合概念中，选择了混合概念。朝鲜刑法典第 10 条规定：“犯罪是指故意或者过失侵害国家主权、社会主义制度和法律秩序，应受刑罚处罚的危险行为。”其中的“侵害国家主权、社会主义制度和法律秩序”是从实质层面揭示犯罪的本质特征，“应受刑罚处罚”则从形式层面揭示了犯罪的法律特征。此外，朝鲜刑法典还从反面规定了不承担刑事责任的一般条件。朝鲜刑法典第 14 条规定：“虽然实施了刑法中所规定的犯罪行为，但没有造成社会危害，或者后果显著轻微，并且没有从重情节的，不承担刑事责任。”这类似于中国刑法第 13 条犯罪概念规定中后段的但书。朝鲜刑法与中国刑法不同的是，其将二者规定在不同的条文中。

5. 刑事责任年龄制度

朝鲜在刑事责任年龄制度上采取一元标准，这与中国刑法采取二元标准从而存在一个相对刑事责任年龄阶段不同。朝鲜刑法典第 11 条规定：“只有年满 14 岁以上的人实施犯罪的，才应当负刑事责任。”此外，朝鲜刑法典明确规定了对未成年人从宽处罚的原则：（1）第 40 条明确地规定未成年是从轻处罚情节；（2）第 29 条第 2 款规定，对于犯罪时不满 18 岁的人不得判处死刑。

6. 精神病人的刑事责任能力

朝鲜刑法典第 12 条第 1 款规定：“因为慢性精神病、一时性精神异常，在对自己的行为不能辨认或不能控制的情况下，实施危害社会的行为的人，不负刑事责任，可以适用医疗处分。”该条第 2 款规定：“对于在醉酒状态中实施犯罪的人，不适用本条的规定。”其规定与中国刑法类似：（1）在精神病的判断标准上兼采医学标准与心理学标准。（2）都否定醉酒减轻刑事责任能力的可能性。不同的是，朝鲜刑法典第 13 条还规定："在正常的精神状态下实施犯罪的人，在侦查、预审、审判时处于精神病状态的情况，适用医疗处分，如果已经恢复正常的则要承担刑事责任。"

7．正当行为

朝鲜刑法典中规定了正当防卫、紧急避险、被害人承诺 3 种正当行为。

（1）正当防卫。朝鲜刑法典第 15 条规定了正当防卫："虽然实施了刑法中所规定的犯罪行为，但这种行为是为了避免国家、社会利益、他人或者自身的合法利益受到正在进行的不法侵害，而采取的未过度超出防卫程度的行为，不必承担刑事责任。"此外，刑法典第 40 条规定，防卫过当是法定的从轻处罚情节。

（2）紧急避险。朝鲜刑法典第 16 条规定了紧急避险："虽然实施了刑法中所规定的犯罪行为，但如果是为了避免危急事态而别无他法，且所损害的利益比所保护的利益轻的，不承担刑事责任。"此外，刑法典第 40 条规定，避险过当是法定的从轻处罚情节。

（3）被害人承诺。朝鲜刑法典第 17 条规定："加害者基于被害者的请求而侵害其人身或财产的，只对其中具有社会危害性的部分承担刑事责任。"我们知道，被害人承诺的一个重要成立条件是，承诺必须在加害行为实施之前或者加害结束之前做出。被害人事后的宽恕不属于被害人承诺，不影响加害人行为的犯罪性质。但朝鲜刑法典对被害人的事后宽恕的法律效果做出了很有特色的规定：首先，刑法典第 18 条第 1 款规定："以家庭成员、亲属为对象实施犯罪的，被害者或者被害一方要求不追究其法律责任的，可以不承担刑事责任。”其次，也做出了一定的限制，刑法典第18条第2规定：“对于重故意杀人罪、抢劫罪、强奸罪不适用本条的规定。”我国刑法虽然无类似规定，但在盗窃罪的司法解释等规定中，也体现了这种精神。

8. 犯罪未完成形态

朝鲜刑法典对犯罪预备、犯罪未遂和犯罪中止3种未完成形态及其处罚原则做出了规定。

（1）犯罪预备和犯罪未遂。朝鲜刑法典第19条第1款规定：“对犯罪的预备和未遂的刑事责任，应参酌犯罪的危害程度、犯罪的实施程度、犯罪行为未能完成的原因，来认定是否构成犯罪。”第2款规定：“对犯罪的预备和未遂的定罪，适用与犯罪既遂相同的条款。”第3款规定：“犯罪预备的处罚较犯罪未遂轻，犯罪未遂的处罚较犯罪既遂轻。”

（2）犯罪中止。朝鲜刑法典第20条第1款规定：“准备犯罪或在实施犯罪的过程中自动完全地中止犯罪的，对所中止的犯罪行为不承担刑事责任。”这就意味着朝鲜刑法上犯罪中止也分为预备中止和实行中止两种基本类型。该条第2款规定：“但如果其已实施的犯罪行为构成其他重罪的，要承担相关的刑事责任。”朝鲜刑法的这种规定是可取的。例如，为了脱逃把看守人员打成重伤后，又放弃了脱逃的念头的，应当承担故意重伤罪既遂的刑事责任。但我国刑法并无类似规定。

9. 共同犯罪

朝鲜刑法典对共同犯罪的规定包括：

（1）主犯与从犯的定罪与处罚原则。朝鲜刑法典第21条规定：“对于犯罪集团的主犯和从犯，根据集团所意图实施的犯罪的相关条款承担刑事责任，对主犯从重处罚。”

（2）教唆犯和帮助犯的定罪与处罚原则。①定罪原则。朝鲜刑法典第 22 条第 1 款规定："非犯罪集团的共同犯罪案件中，对于教唆犯和帮助犯，按照实行犯的相关条款承担刑事责任。"②处罚原则。该条第 2 款规定："教唆犯处与实行犯相同或者较重的处罚，帮助犯处与实行犯相同或者较轻的处罚。"

（3）共同犯罪与身份。朝鲜刑法典明确规定无身份者可以参与构成身份犯的共同犯罪。朝鲜刑法典第 23 条规定："具有特定身份的人与不具有特定身份的人共谋，一起实施犯罪的，不具有特定身份的实行者、教唆者、帮助者，同样要承担共同犯罪之实行犯、教唆犯、帮助犯的刑事责任。"

（4）合谋犯罪从重处罚原则。朝鲜刑法典在分则许多犯罪中，都将合谋实施犯罪作为适用较重档次法定刑的依据，这也体现了其对共同犯罪从严打击的刑事政策。

10．连累犯的处罚范围

与共同犯罪密切相关的是无事前通谋的窝藏、包庇、知情不举、放任等连累犯。基于不同的刑事政策，各国刑法立法例在此问题上的规定差别较大。朝鲜刑法典在总则中对此做出了一般规定：

（1）藏匿行为的刑事责任范围。朝鲜刑法典第 24 条规定："对于在犯罪实行时与犯罪无关，但在犯罪实行后藏匿犯罪人或毁灭罪证的人，只有在本法各条款有特别规定时，才承担相关的刑事责任。"如朝鲜刑法典第 70 条规定了对反国家和反民族犯罪的藏匿罪的刑事责任；第 239 条规定了对一般犯罪的藏匿罪："藏匿可判处有期徒刑以上刑罚的犯罪分子或者罪证的，处 2 年以下劳动改造。""前款行为累犯或者藏匿实施了杀人、抢劫行为的犯罪分子或者其罪证的，处 3 年以下有期徒刑。"

（2）不检举行为的刑事责任范围。朝鲜刑法典第 25 条规定："对于明知犯罪人正在预备犯罪或实行犯罪，而不向相关机关检举的人，只有在本法各条款有特别规定时，才承担相关的刑事责任。"如朝鲜刑法典第 71 条规定了对反国家犯罪行为的不检举罪的刑事责任；第 240 条规定了对一般犯罪的不检举罪："明知正准备实施本法第 95 条、第 278 条、第 302 条犯罪行为或者已经实施犯罪，而不向相关机关进行检举的，处 2 年以下劳动改造。"

（3）放任行为的刑事责任范围。朝鲜刑法典第 26 条规定："对于有危害性的紧急事态有能力阻止，或者可以采取相关的阻止对策，但却没有作为而导致严重后果的人，只有在本法各条款有特别规定时，才承担相关的刑事责任。"如朝鲜刑法典第 72 条规定了对反国家犯罪行为的放任罪的刑事责任。

11．刑罚种类

朝鲜刑法典中的刑罚包括死刑、无期徒刑、有期徒刑、劳动改造、剥夺选举权、没收财产、剥夺一定权利、暂时剥夺一定权利 8 种。其中死刑、无期徒刑、有期徒刑、劳动改造为主刑，剥夺选举权、没收财产、剥夺一定权利、暂时剥夺一定权利为附加刑。

12．死刑

朝鲜刑法典规定了死刑，但根据刑法典第 29 条第 2 款的规定，下列 2 种对象的死刑适用或执行存在限制：（1）对犯罪时不满 18 岁的人不得判处死刑；（2）对于怀孕的妇女不得执行死刑。具体哪些犯罪有死刑，在分则各罪的条款中有明确规定。

13．有期徒刑

朝鲜刑法典对有期徒刑的特色规定有：（1）被判处有期徒刑的罪犯在执行期间停止其公民基本权利；（2）有期徒刑的期间为

1 到 15 年，即使数罪并罚或合并论罪的情况，其有期徒刑的期间也不得超过 15 年。

14．劳动改造

（1）劳动改造执行期间，罪犯的公民基本权利受到保障。这与有期徒刑不同。

（2）劳动改造期间为 6 个月到 2 年。数罪并罚或合并论罪的情况，其劳动改造的期间也不得超过 2 年。

15．剥夺选举权

朝鲜刑法典中的剥夺选举权的适用范围较窄，不适用于普通刑事犯罪，只适用于实施反国家和反民族犯罪行为的人。

16．量刑的依据

朝鲜刑法典第 38 条明确地规定了在量刑时应当考虑的因素："量定刑罚应当参酌犯罪的性质、目的、动机、手段和方法、实施程度、犯罪分子的悔改程度等。"

17．量刑情节

朝鲜刑法典明确地规定了从重处罚与从轻处罚情节，并对从重处罚、从轻处罚以及减轻处罚的范围做出了规定：

（1）从重处罚情节。第 39 条规定了 5 种从重处罚情节：①犯罪行为的领导者；②累犯或者合谋犯罪；③用残忍的手段和方法实施的犯罪；④对处于其保护之下的人或者利用职务上对其的服从关系对服从者实施犯罪；⑤利用战时或者灾害发生时实施的犯罪。

（2）从轻处罚情节。第 40 条规定了 9 种从轻处罚情节：①被动犯罪；②初次犯罪；③在强烈的精神激动状态下的犯罪；④未成年人犯罪；⑤防卫过当、避险过当；⑥犯罪自首的；⑦功勋卓著者实施的犯罪；⑧对所掠夺或者损坏的财物自觉补偿或者恢复原状的；⑨被害人存在过错的犯罪。

（3）从重处罚、从轻处罚与减轻处罚的范围。①从重处罚与从轻处罚。朝鲜刑法典第 41 条第 1 款规定："量刑中对从重处罚或者从轻处罚的情况，可在相关刑罚幅度内以其中间刑度为基准从重或者从轻处罚。"第 2 款规定："前一款规定的情况所判处的刑罚不能高于或者低于相关条款规定的刑罚幅度的最高刑或者最低刑。"②减轻处罚。朝鲜刑法典第 42 条规定了减轻处罚制度："在特殊情形下，法院必须在相关条款规定的法定最低刑以下判处刑罚时，可以判处比相关条款规定的法定最低刑更低的刑罚。"

18. 数罪并罚的条件与方法

（1）数罪并罚的条件。朝鲜刑法典第 43 条规定："一个犯罪人实施多种犯罪且可以各自独立地追究其刑事责任的，可以数罪并罚。但是多个犯罪结合成为一个犯罪，或者某一个犯罪是实施其他犯罪的必要前提时，不应当数罪并罚。"这就对数罪并罚与牵连犯、吸收犯等不必并罚的情况区分提供了一般的依据。

（2）数罪并罚的一般原则。朝鲜刑法典第 44 条第 1 款规定："一个犯罪人实施的多个犯罪一同审判时，在对每个犯罪分别量刑之后，将数刑中最高的刑罚与其余犯罪之刑罚的一半进行合并处罚。"第 2 款规定："数罪并罚时，对各罪的附加刑，仍应与主刑一并适用。"

（3）刑罚执行期间犯新罪与发现漏罪时的并罚。朝鲜刑法典第 46 条规定："受到有罪判决的人在判决确定之后刑罚执行完毕之前，实施了新的犯罪或者被发现隐瞒漏罪的，可数罪并罚合并处罚。"

（4）有期徒刑与劳动改造之间的折算方法。朝鲜刑法典第 45 条规定了不同刑罚之间的刑期折算方法："不同犯罪的刑罚期间可量定为同一刑罚的期间，且应以最重的刑种为基准。”“劳动改造 2 天折算为有期徒刑 1 天。”朝鲜刑法典的规定是可取的，而我国刑法中，一直未对管制、拘役、有期徒刑 3 个刑种之间的并罚规则做出明确的规定，成为困扰理论与实务的一个难题。

19. 社会教养处分

朝鲜刑法典中规定了社会教养处分这一非刑罚的处分措施。朝鲜刑法典第 49 条规定：“对未成年人犯罪，或者虽然是成年人犯罪，但是如果其悔改程度较高、犯罪的危害程度相对较轻，则可以用社会教养的方法使之改过，可以给予社会教养处分。”第 50 条规定：“受到社会教养处分的人在已经实施的犯罪的刑事追诉时效期间内，又实施了新的犯罪，对受到过社会教养处分的犯罪进行量刑时，对全部罪行或者新犯罪行可合并量定刑罚。”

20. 缓刑

（1）缓刑的适用对象。朝鲜刑法典第 51 条规定：“被判处 5 年以下有期徒刑的人，如果其悔改程度较高、犯罪危害程度相对较轻，法院认为没有必要将其送到监狱接受劳动改造的，可根据下列规定确定缓刑期间，做出缓刑判决。”缓刑考验期间区分 2 种情况：①3 年以下有期徒刑的缓刑期间为，3 年到 5 年；②3 年以上 5 年以下有期徒刑的缓刑期间为，5 年到 7 年。

（2）缓刑的法律效果。朝鲜刑法典第 52 条第 1 款规定：“被适用缓刑的罪犯如果在缓刑期间内没有实施新的犯罪，可以认为对其所做出的判决已经执行完毕。”第 2 款规定：“被适用缓刑的罪犯如果在缓刑期间内实施了新的犯罪，其被缓刑的全部刑罚或者一部分刑罚可以和新实施的犯罪所量定的刑罚合并处罚。但合并刑罚时有期徒刑的期间不得超过 15 年。”这与中国刑法的规定至少存在 2 个区别：①缓刑的撤销条件不同。朝鲜只限于犯新罪，而我国还包括发现漏罪与实施严重违法行为。②撤销缓刑时是否需将原判刑罚全部与新罪刑罚并罚不同。中国刑法是全部并罚，而朝鲜刑法典则留有余地，可以只将原判刑罚的一部分与新罪之刑并罚。

21．假释

（1）假释的适用对象与条件。朝鲜刑法典第 54 条第 1 款规定："受到无期徒刑、有期徒刑、劳动改造判决的人，在执行过程中，真心反省自己的罪行，为了改正错误积极劳动，如果被认为达到了劳教改造的目的的，在有期徒刑、劳动改造刑期的执行超过一半以后，可免除刑罚的执行。无期徒刑执行超过 15 年以后，可免除刑罚或者变更为有期徒刑。"

（2）假释的适用程序。朝鲜刑法典第 54 条第 2 款规定："刑罚执行的免除或者变更由刑罚执行机关提出建议，由相关法庭经审理决定。"

22．特赦和赦免

朝鲜刑法典中规定了特赦和赦免这一刑罚消灭制度。朝鲜刑法典第 53 条第 1 款规定："特赦或者赦免，是指对受到有罪判决的人免除刑罚。"第 2 款规定："特赦或者赦免，由最高人民会议常任委员会决定实施。"

23．追诉时效

（1）追诉时效期间的一般规定。朝鲜刑法典第 56 条规定的追诉时效期间具体为：①可判处 2 年以下劳动改造的犯罪行为，从实施之日起，超过 5 年的；②可判处 5 年以下有期徒刑的犯罪行为，从实施之日起，超过 8 年的；③可判处 5 年以上 10 年以下有期徒刑的犯罪行为，从实施之日起，超过 12 年的；④可判处 10 年以上有期徒刑的犯罪行为，从实施之日起，超过 15 年的；

⑤可判处无期徒刑的犯罪行为，从实施之日起，超过20年的。

（2）不受追诉时效限制的犯罪。朝鲜刑法典第57条规定了两类不受追诉时效限制的犯罪：①反国家和反民族犯罪；②重故意杀人罪。

（3）追诉时效的中断。朝鲜刑法典第58条规定："在超过本法第56条规定的期间之前，从犯罪分子实施了新的犯罪之日起，或者从其逃避侦查、审判之日起，或者从决定对案件启动刑事诉讼程序之日起，重新计算追诉时效期间。"

24. 前科的消灭制度

朝鲜刑法典第55条规定："受到特赦、赦免或者刑罚执行已经完毕的人，从受到特赦、赦免之日或者刑罚执行完毕之日起，与没有犯罪的人在法律地位上没有差别。"但是中国刑法第100条却规定："依法受过刑事处罚的人，在入伍、就业的时候，应当如实向有关单位报告自己曾受过刑事处罚，不得隐瞒。"

25. 反国家和反民族罪

这一类罪之下又细分为3类犯罪：（1）反国家罪。具体包括阴谋颠覆国家罪；恐怖罪；宣传、煽动反国家罪；叛国罪；间谍罪；破坏暗害罪；武装干涉和离间对外关系团结罪；对外国人实施敌对行为罪8个罪名。（2）反民族罪。具体包括背叛民族罪、镇压朝鲜民族解放运动罪和敌对朝鲜民族罪3个罪名。（3）对反国家和反民族犯罪的藏匿罪；不检举罪；放任罪。具体包括对反国家和反民族犯罪的藏匿罪；对反国家犯罪行为的不检举罪；对反国家犯罪行为的放任罪3个罪名。

26. 侵害国家管理秩序罪

这一类罪具体包括16个罪名：懈怠执行决定、命令、指示罪；不做战时生产准备罪；故意损坏战斗技术记录、军事设施罪；过失损坏战斗技术记录、军事设施罪；违反警备工作秩序罪；非法携带、移交武器弹药罪；遗失军需品罪；妨碍军需品生产罪；生产残次军需品、不合格军需品罪；挪用军需品生产材料、军需品罪；逃避兵役罪；藏匿逃避兵役者、逃兵罪；妨碍执行军事任务罪；冒充军人罪；买卖军需品罪；泄漏国防机密罪。

27. 侵害社会主义经济罪

这一类罪总共包括103个罪名，又分为4类具体犯罪：

（1）侵害国家和社会合作团体所有权罪。具体包括9个罪名：窃取国家财产罪；抢夺国家财产罪；勒索国家财产罪；诈骗国家财产罪；贪污国家财产罪；抢劫国家财产罪；共同贪污国家财产罪；故意损坏国家财产罪；过失损坏国家财产罪。

（2）侵害经济管理秩序罪。具体包括74个罪名：伪造货币罪；使用假币罪；伪造证券罪；使用伪造证券罪；通过非现金结算手段非法发放、结算、使用罪；买卖外国货币罪；非法将共和国货币带入其他国家罪；违反外汇管理秩序罪；用外汇非法买卖设备、物资罪；偷税漏税罪；不缴纳国家税金罪；个人的商业敌对行为罪；机关、企业、团体的商业敌对行为罪；冒充法人进行经济往来罪；侵害商标权罪；非法中介罪；非法买卖贵金属、有色金属罪；走私罪；违反进出口秩序罪；发放高利贷罪；剥削劳力罪；非法进行作业或运输并收取财物罪；违反铁路、水上、航空运输秩序罪；违反运输工具使用秩序罪；致使运输工具延误罪；不负责任地进行对外经济活动罪；非法赚取外汇罪；非法动用外汇来源罪；随意制定人民经济计划罪；擅自修改人民经济计划罪；未达到人民经济计划目标罪；谎报人民经济计划执行情况罪；合同违约罪；无计划地生产、建设罪；违反国家储备物资的供给、保管、使用秩序罪；非法进行经济管理罪；非法动用国家财产罪；挪用、浪费、私藏原料、材料、资金、设备罪；使财产腐坏、变质、流失罪；非法处理、取得设备、物资、材料罪；掠取国家财产转移到机关罪；处理收受品、受贿品罪；生产残次品、不合格品罪；违反质量监督秩序罪；不清点、维修设备罪；错误设计、错误施工罪；不负责任地进行竣工检查或者使用许可罪；没有受到竣工检查或者使用许可而使用罪；变更国家建筑物构造罪；不维修国家建筑物罪；非法转让和收受国家所有住房罪；不按农业法进行指导罪；违反种子的生产、供给、使用秩序罪；违反农业生产科学技术规程罪；违反兽医防疫和饲养管理秩序罪；违反养鱼工作秩序罪；违反浅海养殖秩序罪；违反商品供给秩序罪；违反商品销售秩序罪；违反粮食政策秩序罪；机关、企业、团体的私自酿酒罪；个人的私自酿酒罪；非法处理生产制品罪；违反计量器具秩序罪；违反电力生产、供给秩序罪；建设没有实际价值的设施、制造没有实际价值的机械设备罪；违反电力使用秩序罪；不负责任地开展邮电工作罪；妨害电话的设置和使用罪；违反海事监督秩序罪；逃避海难救助义务罪；违反价格工作秩序罪；盗用暖气罪；违反居民燃料供给秩序罪。

（3）侵害国土管理和环境保护秩序罪。具体包括12个罪名：滥用、废耕土地罪；土地流失罪；违反地下资源开发和开采秩序罪；非法采金、炼金罪；违反山林造林、保护、使用秩序罪；滥盗、滥伐山林罪；过失引发山火罪；非法开山罪；违反水产和动植物资源保护管理秩序罪；违反环境保护秩序罪；违反河流管理秩序罪；违反道路管理秩序罪。

（4）侵害劳动行政秩序罪。具体包括8个罪名：不完备劳动保护和劳动安全设施罪；违反劳动安全秩序罪；交通事故罪；不负责任地进行劳力分配、调整、动员罪；恣意免职罪；违反分配秩序罪；使用未成年人劳动罪；使用女性进行法律禁止的劳动罪。

28. 侵害社会主义文化罪

这一类罪包括26个具体罪名：引入、散播颓废文化罪；实施颓废行为罪；收听敌对广播，收集、保管、散布敌对印刷品、油印品罪；损坏文物和遗迹名胜地、天然纪念物罪；盗掘文物罪；走私、非法买卖历史遗物罪；扼杀著作、发明、研究创意罪；剽窃著作、发明、研究创意罪；入侵计算机网络罪；损坏情报罪；输入、散布虚假情报罪；不负责任地执行教育纲领和教案罪；不当进行后备培育工作罪；不当进行体育选手选拔罪；违反儿童保护管理秩序罪；拒绝治疗罪；医疗事故罪；生产不良药品、医疗器具罪；非法行医罪；懈怠卫生防疫工作罪；不负责任地进行国境检疫罪；取得、买卖、使用人体内脏器官、胎儿、血液罪；制售假药、食品罪；非法种植罂粟、制造麻醉药品罪；非法使用麻醉药品罪；走私、非法买卖麻醉药品罪。

29. 妨害一般行政管理秩序罪

这一类罪总共包括39个罪名，又分为2类具体犯罪：

（1）妨害一般行政管理秩序罪。具体包括27个罪名：集体骚乱罪；妨碍执行公务罪；妨碍法律工作者执行公务罪；捏造、散播谣言罪；非法使用、伪造公章、机关负责人印章罪；非法处理、伪造、使用文书、证明书罪；买卖证明书罪；违反出版秩序罪；违反放射性、爆炸性、易燃性物质输送秩序罪；违反警备工作秩序罪；非法携带、使用、转交爆炸物罪；故意泄露国家机密罪；过失泄露国家机密罪；入侵领空、领海罪；非法出入国境罪；非法协助出入国境罪；逾越航海区域、捕捞区域罪；虚假检举、陈述罪；胁迫证人罪；报复罪；对一般犯罪的藏匿罪；对一般犯罪的不检举罪；拘役、服刑人员脱逃罪；贿赂罪；损坏封条罪；不当申诉罪；损害对外主权罪。

（2）管理工作人员的职务犯罪。具体包括12个罪名：滥用职权罪；越权罪；玩忽职守罪；造成物质负担罪；无视申诉请求罪；损害国家机关权威罪；非法逮捕、拘留、搜查罪；夸大、捏造案情罪；非法释放罪；不当判决、裁定罪；不执行判决、裁定罪；管理工作人员贿赂罪。

30. 侵害社会主义共同生活秩序罪

这一类罪总共包括20个具体罪名：不良行为罪；帮派斗争罪；教唆未成年人犯罪罪；卖淫罪；淫秽行为罪；盗用职权罪；虚假行事罪；盗用称号罪；赌博罪；实施迷信活动罪；助长迷信活动罪；强力行使权利罪；非法婚姻罪；逃避对老人、儿童的保护责任罪；虐待歧视罪；侵占拾得物罪；不上缴酬金、利润罪；交易掠取物品罪；损坏坟墓罪；放任严重后果发生罪。

31. 侵害公民的生命财产罪

这一类罪总共包括25个罪名，又分为2类具体犯罪：

（1）侵害生命、健康、人格罪。具体包括18个罪名：重故意杀人罪；轻故意杀人罪；激情杀人罪；防卫过当杀人罪；过失杀人罪；故意重伤罪；激情重伤罪；防卫过当重伤罪；过失重伤罪；故意轻伤罪；暴行罪；偷盗儿童罪；拐骗罪；非法拘禁他人罪；侮辱、损害他人名誉罪；强奸罪；强迫有服从关系的女性同自己性交罪；与未成年人性交罪。

（2）侵害个人所有权罪。具体包括7个罪名：偷盗个人财产罪；抢夺个人财产罪；勒索个人财产罪；诈骗个人财产罪；侵吞个人财产罪；抢劫个人财产罪；故意破坏个人财产罪。

由于水平所限，加之本法典从英文版本转译而来，不当之处，敬请读者批评指正。

陈志军
2008 年 1 月

目 录

朝鲜民主主义人民共和国刑法典

（1950 年 3 月 3 日最高人民会议第五次会议制定；1974 年 1 月 19 日最高人民会议常设会议修正；1987 年 2 月 5 日最高人民会议常设会议决议第 2 号修正；1995 年 3 月 15 日最高人民会议常设会议决议第 54 号修正；1999 年 8 月 11 日最高人民会议常任委员会政令第 953 号修正；2004 年 4 月 29 日最高人民会议常任委员会政令第 432 号修正）

第一章　刑法的基本规定

第 1 条（刑法的使命）

朝鲜民主主义人民共和国刑法，规定的是犯罪的刑事责任和刑罚制度。它的使命是为保卫国家主权和社会制度、保障人民自主和创新生活作贡献。

第 2 条（犯罪分子的处理原则）

国家对于犯罪分子的处理坚定地坚持劳动阶级原则，以教育改造为主，配合以相关的法律制裁。

第 3 条（犯罪的防患于未然原则）

国家的所有公民都应该尊重法律，严格地遵守纪律，挺身而出与犯罪行为作斗争，制止犯罪。

第 4 条（对实施背叛祖国和民族行为的悔悟者的处理原则）

虽然有背叛祖国和民族的行为，但为了祖国统一而积极地挺身而出的，国家可以不问过去，不追究其刑事责任。

第 5 条（自首者的处理原则）

虽然已经实施了犯罪，但对自身的过错能够真心地悔悟并自首的人，国家给予宽大处理。

第 6 条（只对刑法规定的行为承担刑事责任的原则）

只对国家刑法中规定为犯罪的行为承担刑事责任。

第 7 条（刑罚适用的原则）

国家参酌犯罪的严重程度和犯罪分子的悔改程度对其处适当的刑罚。

第 8 条（刑法对人的效力和地域的效力的原则）

本法适用于共和国公民。也适用于在共和国领域外实施犯罪的共和国公民。

本法也适用于在共和国领域内犯罪的外国人。但是对于享有外交特权的外国人的刑事责任，随时依照外交办法来解决。

对于在其他国家反对共和国或者侵害共和国公民的外国人也适用本法。

第 9 条（废止）

第二章 总 则

第一节 犯 罪

第 10 条（犯罪的概念）

犯罪是指故意或者过失侵害国家主权、社会主义制度和法律秩序，应受刑罚处罚的危险行为。

第 11 条（刑事责任年龄）

只有年满 14 岁以上的人实施犯罪的，才应当负刑事责任。

第 12 条（在无能力负刑事责任的状态下实施危害社会行为的人的处理）

因为慢性精神病、一时性精神异常，在对自己的行为不能辨认或不能控制的情况下，实施危害社会的行为的人，不负刑事责任，可以适用医疗处分。

对于在醉酒状态中实施犯罪的人，不适用本条的规定。

第 13 条（处于精神病状态中的犯罪分子的处理）

在正常的精神状态下实施犯罪的人，在侦查、预审、审判时处于精神病状态的情况，适用医疗处分，如果已经恢复正常的则要承担刑事责任。

第 14 条（不承担刑事责任的一般条件）

虽然实施了刑法中所规定的犯罪行为，但没有造成社会危害，或者后果显著轻微，并且没有从重情节的，不承担刑事责任。

第 15 条（正当防卫）

虽然实施了刑法中所规定的犯罪行为，但这种行为是为了避免国家、社会利益、他人或者自身的合法利益受到正在进行的不法侵害，而采取的未过度超出防卫程度的行为，不必承担刑事责任。

第 16 条（紧急避险）

虽然实施了刑法中所规定的犯罪行为，但如果是为了避免危急事态而别无他法，且所损害的利益比所保护的利益轻的，不承担刑事责任。

第 17 条（基于被害者请求之加害者的刑事责任）

加害者基于被害者的请求而侵害其人身或财产的，只对其中具有社会危害性的部分承担刑事责任。

第 18 条（以家庭成员、亲属为对象实施的犯罪的刑事责任）

以家庭成员、亲属为对象实施犯罪的，被害者或者被害一方要求不追究其法律责任的，可以不承担刑事责任。

对于重故意杀人罪、抢劫罪、强奸罪不适用本条的规定。

第 19 条（犯罪的预备和未遂的刑事责任）

对犯罪的预备和未遂的刑事责任，应参酌犯罪的危害程度、犯罪的实施程度、犯罪行为未能完成的原因，来认定是否构成犯罪。

对犯罪的预备和未遂的定罪，适用与犯罪既遂相同的条款。

犯罪预备的处罚较犯罪未遂轻，犯罪未遂的处罚较犯罪既遂轻。

第 20 条（自动中止犯罪的刑事责任）

准备犯罪或在实施犯罪的过程中自动完全地中止犯罪的，对所中止的犯罪行为不承担刑事责任。

但如果其已实施的犯罪行为构成其他重罪的，要承担相关的刑事责任。

第 21 条（共同犯罪案件中主犯和从犯的刑事责任）

对于犯罪集团的主犯和从犯，根据集团所意图实施的犯罪的相关条款承担刑事责任，对主犯从重处罚。

第 22 条（共同犯罪案件中教唆犯和帮助犯的刑事责任）

非犯罪集团的共同犯罪案件中，对于教唆犯和帮助犯，按照实行犯的相关条款承担刑事责任。

教唆犯处与实行犯相同或者较重的处罚，帮助犯处与实行犯相同或者较轻的处罚。

第 23 条（身份犯之共犯的刑事责任）

具有特定身份的人与不具有特定身份的人共谋，一起实施犯罪的，不具有特定身份的实行者、教唆者、帮助者，同样要承担共同犯罪之实行犯、教唆犯、帮助犯的刑事责任。

第 24 条（对藏匿罪的刑事责任）

对于在犯罪实行时与犯罪无关，但在犯罪实行后藏匿犯罪人或毁灭罪证的人，只有在本法各条款有特别规定时，才承担相关的刑事责任。

第 25 条（对不检举罪的刑事责任）

对于明知犯罪人正在预备犯罪或者实行犯罪，而不向相关机关检举的人，只有在本法各条款有特别规定时，才承担相关的刑事责任。

第 26 条（对放任罪的刑事责任）

对于有危害性的紧急事态有能力阻止，或者可以采取相关的阻止对策，但却没有作为而导致严重后果的人，只有在本法各条款有特别规定时，才承担相关的刑事责任。

第二节　刑　　罚

第 27 条（刑罚的种类）

刑罚的种类如下：

1. 死刑。
2. 无期徒刑。
3. 有期徒刑。
4. 劳动改造。
5. 剥夺选举权。
6. 没收财产。
7. 剥夺一定权利。
8. 暂时剥夺一定权利。

第 28 条（主刑和附加刑）

死刑、无期徒刑、有期徒刑、劳动改造为主刑。

剥夺选举权、没收财产、剥夺一定权利、暂时剥夺一定权利为附加刑。

第 29 条（死刑）

死刑是指剥夺犯罪分子肉体生命的方法。

对于犯罪时不满 18 岁的人不得判处死刑，对于怀孕的妇女不得执行死刑。

第 30 条（无期徒刑与有期徒刑）

无期徒刑与有期徒刑是指将犯罪分子送进监狱使之接受劳动教化的方法。

无期徒刑与有期徒刑执行期间停止其公民基本权利。

有期徒刑的期间为1到15年。即使数罪并罚或合并论罪的情况，其有期徒刑的期间也不得超过15年。

犯罪分子羁押期间的1天，折抵有期徒刑的1天。

第31条（劳动改造）

劳动改造是指将犯罪分子送到一定的场所使之劳动的方法。

劳动改造执行期间，其公民基本权利受到保障。

劳动改造期间为6个月到2年。数罪并罚或合并论罪的情况，其劳动改造的期间也不得超过2年。

犯罪分子羁押期间的1天，折抵劳动改造的2天。

第32条（剥夺选举权）

剥夺选举权是指对实施反国家和反民族行为的人，剥夺一定期间的选举权的方法。

法庭在审理反国家和反民族案件时应当一同审理剥夺选举权问题。

剥夺选举权的期间不可以超过5年，从有期徒刑执行结束之日起开始计算。

第33条（没收财产）

没收财产是指将受到有罪判决的人的财产收归国家的刑罚方法。

受到有罪判决的人的家属用以保障其最低生活所必需的粮食、日常必需品和钱款不得没收。

第34条（取消没收财产和案件撤销时对财产权利的保障）

取消没收财产或者案件撤销的情况，归还已没收的财产。如果无法归还实物，则要归还与物品相当的金额。

第35条（被没收财产者的债务处理）

被没收财产人被采取财产保全措施之前的债务，可以用没收的财产按照法定的顺序赔偿。但是对被采取财产保全措施之后的债务，则不可以用没收财产来赔偿。

第 36 条（剥夺一定权利）

剥夺一定权利是指受到有罪判决的人原本所享有的一定权利被完全剥夺的方法。

法庭在审理利用一定权利实施犯罪的案件时应当一并审理剥夺一定权利的问题。

第 37 条（暂时剥夺一定权利）

暂时剥夺一定权利是指受到有罪判决的人原本所享有的一定权利被暂时剥夺的方法。

法庭在审理利用一定权利实施犯罪的案件时应该一并审理暂时剥夺一定权利的问题。

暂时剥夺一定权利的期间不得超过 3 年，从有期徒刑、劳动改造的执行结束之日起开始计算。

第 38 条（刑罚的量定）

量定刑罚应当参酌犯罪的性质、目的、动机、手段和方法、实施程度、犯罪分子的悔改程度等。

第 1 款的规定应当以具体条款规定的刑罚幅度为基准。

第 39 条（从重处罚的情节）

刑罚中从重处罚的情节如下：

1. 犯罪行为的领导者；

2. 累犯或者合谋犯罪；

3. 用残忍的手段和方法实施的犯罪；

4. 对处于其保护之下的人或者利用职务上对其的服从关系对服从者实施犯罪；

5. 利用战时或者灾害发生时实施的犯罪。

第 40 条（从轻处罚的情节）

刑罚中从轻处罚的情节如下：

1．被动犯罪；

2．初次犯罪；

3．在强烈的精神激动状态下的犯罪；

4．未成年人犯罪；

5．防卫过当、避险过当；

6．犯罪自首的；

7．功勋卓著者实施的犯罪；

8．对所掠夺或者损坏的财物自觉补偿或者恢复原状的；

9．被害人存在过错的犯罪。

第 41 条（从重处罚与从轻处罚的范围）

量刑中对从重处罚或者从轻处罚的情况，可在相关刑罚幅度内以其中间刑度为基准从重或者从轻处罚。

前一款规定的情况所判处的刑罚不能高于或者低于相关条款规定的刑罚幅度的最高刑或者最低刑。

第 42 条（在法定刑的最低限度以下量刑的情况）

在特殊情形下，法院必须在相关条款规定的法定最低刑以下判处刑罚时，可以判处比相关条款规定的法定最低刑更低的刑罚。

第 43 条（数罪并罚的条件）

一个犯罪人实施多种犯罪且可以各自独立地追究其刑事责任的，可以数罪并罚。但是多个犯罪结合成为一个犯罪，或者某一个犯罪是实施其他犯罪的必要前提时，不应当数罪并罚。

第 44 条（数罪并罚时的量刑）

一个犯罪人实施的多个犯罪一同审判时，在对每个犯罪分别量刑之后，将数刑中最高的刑罚与其余犯罪之刑罚的一半进行合并处罚。

数罪并罚时，对各罪的附加刑，仍应与主刑一并适用。

判决的宣告也适用本条的规定。

第 45 条（不同犯罪所处刑罚之间的刑期折算方法）

不同犯罪的刑罚期间可量定为同一刑罚的期间，且应以最重的刑种为基准。

劳动改造 2 天折算为有期徒刑 1 天。

第 46 条（刑罚执行结束前犯新罪和隐瞒漏罪时的量刑）

受到有罪判决的人在判决确定之后刑罚执行完毕之前，实施了新的犯罪或者被发现隐瞒漏罪的，可数罪并罚合并处罚。

第 47 条（对于以上、以下的解释）

本法中所指的刑期的以上、以下包括相关年数的本数在内。

刑期不仅可以用年为单位来计量，也可以根据犯罪的危害程度精确到月。

第 48 条（刑罚执行期间的计算）

刑罚执行期间的计算从犯罪分子被拘留之日开始到刑罚期间的终结为止。

第 49 条（社会教养处分）

对未成年人犯罪，或者虽然是成年人犯罪，但是如果其悔改程度较高、犯罪的危害程度相对较轻，则可以用社会教养的方法使之改过，可以给予社会教养处分。

第 50 条（受到社会教养处分的人犯罪的量刑）

受到社会教养处分的人在已经实施的犯罪的刑事追诉时效期间内，又实施了新的犯罪，对受过社会教养处分的犯罪进行量刑时，对全部罪行或者新犯罪行可合并量定刑罚。

第 51 条（缓刑的适用条件和期间）

被判处 5 年以下有期徒刑的人，如果其悔改程度较高、犯罪危害程度相对较轻，法院认为没有必要将其送到监狱接受劳动改造的，可根据下列规定确定缓刑期间，做出缓刑判决：

1．3 年以下有期徒刑的缓刑期间为，3 年到 5 年；

2．3 年以上 5 年以下有期徒刑的缓刑期间为，5 年到 7 年。

第 52 条（缓刑的法律效果）

被适用缓刑的罪犯如果在缓刑期间内没有实施新的犯罪，可以认为对其所做出的判决已经执行完毕。

被适用缓刑的罪犯如果在缓刑期间内实施了新的犯罪，其被缓刑的全部刑罚或者一部分刑罚可以和新实施的犯罪所量定的刑罚合并处罚。但合并刑罚时有期徒刑的期间不得超过 15 年。

第 53 条（特赦和赦免）

特赦或者赦免，是指对受到有罪判决的人免除刑罚。

特赦或者赦免，由最高人民会议常任委员会决定实施。

第 54 条（假释）

受到无期徒刑、有期徒刑、劳动改造判决的人，在执行过程中，真心反省自己的罪行，为了改正错误积极劳动，如果被认为达到了劳教改造的目的的，在有期徒刑、劳动改造刑期的执行超过一半以后，可免除刑罚的执行。无期徒刑执行超过 15 年以后，可免除刑罚或者变更为有期徒刑。

刑罚执行的免除或者变更由刑罚执行机关提出建议，由相关法庭经审理决定。

第 55 条（刑罚执行完毕的人的法律地位）

受到特赦、赦免或者刑罚执行已经完毕的人，从受到特赦、赦免之日或者刑罚执行完毕之日起，与没有犯罪的人在法律地位上没有差别。

第 56 条（追诉时效）

从实施犯罪之日起，如果超出了下列期间，则不必承担刑事责任：

1. 可判处 2 年以下劳动改造的犯罪行为，从实施之日起，超过 5 年的；

2. 可判处 5 年以下有期徒刑的犯罪行为，从实施之日起，超过 8 年的；

3. 可判处 5 年以上 10 年以下有期徒刑的犯罪行为，从实施之日起，超过 12 年的；

4. 可判处 10 年以上有期徒刑的犯罪行为，从实施之日起，超过 15 年的；

5. 可判处无期徒刑的犯罪行为，从实施之日起，超过 20 年的。

第 57 条（不适用追诉时效的犯罪）

对于反国家和反民族犯罪以及重故意杀人罪，不适用追诉时效的规定，任何时候都必须承担刑事责任。

第 58 条（追诉时效重新计算的事由）

在超过本法第 56 条规定的期间之前，从犯罪分子实施了新的犯罪之日起，或者从其逃避侦查、审判之日起，或者从决定对案件启动刑事诉讼程序之日起，重新计算追诉时效期间。

第三章　反国家和反民族罪

第一节　反国家罪

第59条（阴谋颠覆国家罪）

以反国家为目的，参与政变、暴动、示威、袭击或者加入反国家阴谋的人，处5年以上有期徒刑。

情节特别严重的，处无期徒刑或者死刑并没收财产。

第60条（恐怖罪）

以反国家为目的，杀害、绑架干部和人民，或者实施使他们遭受伤害的恐怖行为的，处5年以上有期徒刑。

情节特别严重的，处无期徒刑或者死刑并没收财产。

第61条（宣传、煽动反国家罪）

以反国家为目的，实施宣传、煽动行为的人，处5年以下有期徒刑。

情节严重的，处5年以上10年以下有期徒刑。

第62条（叛国罪）

公民背叛祖国逃往其他国家，或者投降、叛变，或者出卖国家秘密的叛国行为，处5年以上有期徒刑。

情节特别严重的，处无期徒刑或者死刑并没收财产。

第63条（间谍罪）

非共和国公民以对我国进行侦察为目的，刺探、收集、提供机密的，处 5 年以上 10 年以下有期徒刑。

情节严重的，处 10 年以上有期徒刑。

第 64 条（破坏暗害罪）

以反国家为目的，实施破坏、暗害行为的，处 5 年以上 10 年以下有期徒刑。

前款行为为累犯或者合谋犯罪的，处 10 年以上有期徒刑。

情节特别严重的，处无期徒刑。

第 65 条（武装干涉和离间对外关系团结罪）

其他国家的人唆使外国、在外国的集团或者供给资金对共和国进行武装干涉，或者破坏外交关系，或者毁弃同共和国所缔结的条约的，处 10 年以上的徒刑。

第 66 条（对外国人实施敌对行为罪）

以削弱共和国与其他国家的关系为目的，对逗留在共和国的外国人实施人身、财产侵害的，处 5 年以上 10 年以下有期徒刑。

情节严重的，处 10 年以上有期徒刑。

第二节　反民族罪

第 67 条（背叛民族罪）

作为朝鲜民族的成员，在帝国主义的支配下，镇压人民的民族解放运动和人民民主主义运动，或者将朝鲜民族的利益出卖给帝国主义者的背叛民族的行为，处 10 年以上有期徒刑。

情节特别严重的，处无期徒刑或者死刑并没收财产。

第 68 条（镇压朝鲜民族解放运动罪）

其他国家的人镇压朝鲜人民的民族解放运动和人民民主主义运动的，处 5 年以上 10 年以下有期徒刑。

情节严重的，处 10 年以上有期徒刑。

第 69 条（敌对朝鲜民族罪）

其他国家的人以敌对朝鲜民族为目的，对长住海外或者在海外逗留的朝鲜人的人身、财产进行侵害或者挑起民族不和的，处 5 年以上 10 年以下有期徒刑。

情节严重的，处 10 年以上有期徒刑。

第三节 对反国家和反民族犯罪的藏匿罪、不检举罪、放任罪

第 70 条（对反国家和反民族犯罪的藏匿罪）

对反国家和反民族的犯罪分子或者罪证进行藏匿的，处 4 年以下有期徒刑。

第 71 条（对反国家犯罪行为的不检举罪）

明知反国家的犯罪行为正在准备实施或者已经实施，而没有向相关机关检举的，处 3 年以下有期徒刑。

第 72 条（对反国家犯罪行为的放任罪）

明知反国家的犯罪行为正在实施，可以采取必要的对策对其进行紧急的阻止却没有作为的，处 3 年以下有期徒刑。

第四章　侵害国家管理秩序罪

第 73 条（懈怠执行决定、命令、指示罪）

对于国防委员会的决定、命令、指示没有及时正确地执行或者只是形式上执行的，处 2 年以下劳动改造。

前款行为为累犯的，处 5 年以下有期徒刑。

情节严重的，处 5 年以上 8 年以下有期徒刑。

第 74 条（不做战时生产准备罪）

机关、企业、团体的负责人没有做战略预备物资的储备和战时生产准备的，判处 2 年以下劳动改造。

情节严重的，处 3 年以下有期徒刑。

第 75 条（故意损坏战斗技术记录、军事设施罪）

故意损坏战斗技术记录和军事设施的，处 5 年以下有期徒刑。

损坏了大量战斗技术记录和重要军事设施的，处 5 年以上 10 年以下有期徒刑。

情节特别严重的，处 10 年以上有期徒刑或者无期徒刑。

第 76 条（过失损坏战斗技术记录、军事设施罪）

过失损坏战斗技术记录和军事设施的，处 2 年以下劳动改造。

过失损坏了大量战斗技术记录和重要军事设施的，处 5 年以下有期徒刑。

情节严重的，处 5 年以上 10 年以下有期徒刑。

第 77 条（违反警备工作秩序罪）

被征召参加民兵训练的人违反警备工作秩序，使警备对象物受到损害的，处 2 年以下有期徒刑。

情节严重的，处 2 年以上 7 年以下有期徒刑。

第 78 条（非法携带、移交武器弹药罪）

非法携带武器、弹药或者移交给他人的，处 3 年以下有期徒刑。

第 79 条（遗失军需品罪）

遗失军需品的，处 2 年以下劳动改造。

遗失军需品数量较大的，处 5 年以下有期徒刑。

第 80 条（妨碍军需品生产罪）

没有及时保障军需生产所必要的设备、原料、材料，或者没有保证其质量而使军需品生产受阻的，处 2 年以下劳动改造。

情节严重的，处 3 年以下有期徒刑。

第 81 条（生产残次军需品、不合格军需品罪）

军需品生产部门负责人违反技术规定、标准制造法、产品规格、产品检查的相关秩序，生产残次品、不合格品的，处 4 年以下有期徒刑。

第 82 条（挪用军需品生产材料、军需品罪）

军需品生产部门负责人挪用军需品生产材料或者军需品而用作其他用途的，处 3 年以下有期徒刑。

第 83 条（逃避兵役罪）

对逃避现役兵役征集的，处 2 年以下劳动改造。

在战时或者战斗状态时实施前款行为的，处 5 年以下有期徒刑。

第 84 条（藏匿逃避兵役者、逃兵罪）

明知是逃避兵役者、逃兵还帮助其藏匿的，处 2 年以下劳动改造。

情节严重的，处 3 年以下有期徒刑。

第 85 条（妨碍执行军事任务罪）

妨害警备任务、拦截任务、监管任务、机密通信任务之类的军事任务执行的，处 2 年以下劳动改造。

情节严重的，处 5 年以下有期徒刑。

第 86 条（冒充军人罪）

冒充军人，使人民军队的威信受到损害或者实施危害社会的行为的，处 2 年以下劳动改造。

第 87 条（买卖军需品罪）

明知是军需品还进行销售或者购买的，处 2 年以下劳动改造。

情节严重的，处 2 年以下有期徒刑。

第 88 条（泄漏国防机密罪）

对于泄漏国防机密或者遗失国防机密文件的，处 5 年以下有期徒刑。

泄漏了重要国防机密或者由于泄漏国防机密而引发严重后果的，处 5 年以上 10 年以下有期徒刑。

情节严重的，处 10 年以上有期徒刑。

第五章　侵害社会主义经济罪

第一节　侵害国家和社会合作团体所有权罪

第 89 条（窃取国家财产罪）

偷窃国家和社会合作团体财产的，处 2 年以下劳动改造。

情节严重的，处 2 年以下有期徒刑。

合谋或者窃取国家和社会合作团体数额较大财产的，处 2 年以上 9 年以下有期徒刑。

窃取国家和社会合作团体财产数额巨大的，处 9 年以上有期徒刑。

第 90 条（抢夺国家财产罪）

抢夺国家和社会合作团体财产的，处 2 年以下劳动改造。

情节严重的，处 3 年以下有期徒刑。

累犯、合谋或者抢夺国家和社会合作团体财产数额较大的，处 3 年以上 10 年以下有期徒刑。

抢夺国家和社会合作团体财产数额巨大的，处 10 年以上有期徒刑。

第 91 条（勒索国家财产罪）

勒索国家和社会合作团体财产的，处 2 年以下有期徒刑。

情节严重的，处 3 年以下有期徒刑。

累犯、合谋或者勒索国家和社会合作团体财产数额较大的，处3年以上10年以下有期徒刑。

勒索国家和社会合作团体财产数额巨大的，处10年以上有期徒刑。

第92条（诈骗国家财产罪）

诈骗国家和社会合作团体财产的，处2年以下劳动改造。

情节严重的，处2年以下有期徒刑。

诈骗国家和社会合作团体财产数额较大的，处2年以上8年以下有期徒刑。

诈骗国家和社会合作团体财产数额巨大的，处8年以上有期徒刑。

第93条（贪污国家财产罪）

对机关、企业、团体的委托负有一定义务的人，或者管理工作人员，贪污职务上或者义务上由其保管的国家和社会合作团体财产的，处2年以下劳动改造。

情节严重的，处3年以下有期徒刑。

合谋或者贪污国家和社会合作团体财产数额较大的，处3年以上9年以下有期徒刑。

贪污国家和社会合作团体财产数额巨大的，处9年以上有期徒刑。

第94条（情节特别严重的掠取国家财产犯罪）

以上掠取国家和社会合作团体财产的犯罪行为情节特别严重的，处无期徒刑。

第95条（抢劫国家财产罪）

实施危害人民生命、健康的暴力、胁迫行为抢劫国家和社会合作团体财产的，判处3年以上8年以下有期徒刑。

累犯、合谋或者抢劫国家和社会合作团体财产数额较大，或者利用武器、凶器进行抢劫的，处8年以上12年以下有期徒刑。

抢劫国家和社会合作团体财产数额巨大，或者因抢劫行为而致人死亡或重伤的，处12年以上有期徒刑或无期徒刑。

第96条（共同贪污国家财产罪）

非法使用奖金、优待制、生活费或者以各种公共款项、后勤事业的名义，指使或者组织实施共同贪污国家和社会合作团体财产行为的，处2年以下劳动改造。

情节严重的，处2年以下有期徒刑。

第97条（故意损坏国家财产罪）

故意损坏国家和社会合作团体财产的，处5年以下有期徒刑。

致使特别重要的生产工具或设施损坏，或者以纵火、爆破的方式进行破坏的，处5年以上10年以下有期徒刑。

情节特别严重的，处10年以上有期徒刑或者无期徒刑。

第98条（过失损坏国家财产罪）

过失损坏国家和社会合作团体财产的，处2年以下劳动改造。

情节严重的，处3年以下有期徒刑。

第二节 侵害经济管理秩序罪

第99条（伪造货币罪）

伪造共和国货币或者在共和国银行可以兑换的外国货币的，处5年以上10年以下有期徒刑。

情节特别严重的，处10年以上有期徒刑或者无期徒刑。

第 100 条（使用假币罪）

明知是伪造的货币仍然使用的，处 2 年以下劳动改造。

情节严重的，处 5 年以下有期徒刑。

第 101 条（伪造证券罪）

伪造国家有价证券的，处 2 年以下劳动改造。

情节严重的，处 3 年以下有期徒刑。

前款行为累犯或者合谋犯罪的，处 3 年以上 8 年以下有期徒刑。

第 102 条（使用伪造证券罪）

明知是伪造的国家有价证券仍然使用的，处 2 年以下劳动改造。

情节严重的，处 3 年以下有期徒刑。

第 103 条（通过非现金结算手段非法发放、结算、使用罪）

通过非法使用非现金结算手段进行发放、结算以及使用的，处 2 年以下劳动改造。

情节严重的，处 3 年以下有期徒刑。

因前款行为而造成巨大损失的，处 3 年以上 8 年以下有期徒刑。

第 104 条（买卖外国货币罪）

在自身利益的驱使下，非法兑换可以在共和国银行兑换的外国货币的，处 2 年以下劳动改造。

情节严重的，处 3 年以下有期徒刑。

第 105 条（非法将共和国货币带入其他国家罪）

非法将共和国货币带入其他国家的，处 2 年以下有期徒刑。

情节严重的，处 2 年以上 7 年以下有期徒刑。

第 106 条（违反外汇管理秩序罪）

违反外汇管理秩序的，处 2 年以下有期徒刑。

情节严重的，处 2 年以上 7 年以下有期徒刑。

第 107 条（用外汇非法买卖设备、物资罪）

用外汇非法贩卖或者购买设备或者物资的，处 2 年以下劳动改造。

情节严重的，处 5 年以下有期徒刑。

第 108 条（偷税漏税罪）

外国投资企业或者外国人故意不纳税或者少纳税的，处 3 年以下有期徒刑。

情节严重的，处 3 年以上 5 年以下有期徒刑。

第 109 条（不缴纳国家税金罪）

不缴纳或者少缴纳国家税金的，处 2 年以下劳动改造。

情节严重的，处 3 年以下有期徒刑。

第 110 条（个人的商业敌对行为罪）

非法实施个人商业敌对行为取得利益数额较大的，处 2 年以下劳动改造。

因前款行为而取得利益数额巨大的，处 3 年以下有期徒刑。

第 111 条（机关、企业、团体的商业敌对行为罪）

机关、企业、团体的负责人非法组织商业敌对行为的，处 2 年以下劳动改造。

情节严重的，处 2 年以下有期徒刑。

第 112 条（冒充法人进行经济往来罪）

冒充法人进行经济往来的，处 2 年以下劳动改造。

情节严重的，处 2 年以下有期徒刑。

第 113 条（侵害商标权罪）

非法制作商标或者买卖商标，贩卖、进出口无商标商品，或者侵害机关、企业、团体的商标权的，处 2 年以下有期徒刑。

第 114 条（非法中介罪）

通过非法中介行为取得较大利益的，处 2 年以下劳动改造。

因前款行为而取得巨大利益的，处 5 年以下有期徒刑。

第 115 条（非法买卖贵金属、有色金属罪）

非法贩卖或者购买贵金属、有色金属的，处 5 年以下有期徒刑。

非法贩卖或者购买贵金属、有色金属数额较大的，处 5 年以上 10 年以下有期徒刑。

情节特别严重的，处 10 年以上有期徒刑或者无期徒刑。

第 116 条（走私罪）

进行走私的，处 4 年以下有期徒刑。

走私数额较大，或者以走私为常业，或者走私国家管制物品，或者管理工作人员实施前款行为的，处 4 年以上 10 年以下有期徒刑。

情节严重的，处 10 年以上有期徒刑。

第 117 条（违反进出口秩序罪）

机关、企业、团体的负责人违反进出口秩序的，处 5 年以下有期徒刑。

第 118 条（发放高利贷罪）

发放高利贷而获得较大利益的，处 2 年以下有期徒刑。

因前款行为而取得巨大利益的，处 2 年以上 5 年以下有期徒刑。

第 119 条（剥削劳力罪）

非法给予金钱或者财物使他人为自己私人做事的，处 2 年以下劳动改造。

第 120 条（非法进行作业或者运输并收取财物罪）

利用机关、企业、团体的机械设备或者运输工具进行非法作业或运输，并收取大量财物的，处 2 年以下劳动改造。

因前款行为而取得巨大利益的，处 2 年以下有期徒刑。

第 121 条（违反铁路、水上、航空运输秩序罪）

铁路、水上、航空运输部门工作人员不负责任地组织和指挥运输，或者违反交通运输秩序，致使火车、船只、飞机被损坏、颠覆，或者阻碍了其正常运行，或者造成人员伤亡的，处 3 年以下有期徒刑。

因前款行为而造成多人伤亡的，处 3 年以上 8 年以下有期徒刑。

情节特别严重的，处 8 年以上有期徒刑或者无期徒刑。

第 122 条（违反运输工具使用秩序罪）

违反运输工具使用秩序，给交通运输带来阻碍的，处 2 年以下劳动改造。

因前款行为而造成多种运输工具损坏或者货车、货轮长时间延误的，处 2 年以下有期徒刑。

第 123 条（致使运输工具延误罪）

在铁路、道路、航道上非法设置障碍物、拦截物，或者撤除标识物，或者对运输人员实施暴力、胁迫而使运输工具运行延误的，处 3 年以下有期徒刑。

因前款行为而致使运输工具的运行长时间延误的，处 3 年以上 5 年以下有期徒刑。

第 124 条（不负责任地进行对外经济活动罪）

与以贸易协定为主的国家贸然地签订经济协议，或者不负责任地进行对外经济活动，而造成巨大损失的，处 2 年以下有期徒刑。

第 125 条（非法赚取外汇罪）

非法组织或者实施赚取外汇行为的，处 2 年以下劳动改造。

情节严重的，处 5 年以下有期徒刑。

第 126 条（非法动用外汇来源罪）

使用贿赂等非法手段，动用外汇来源者，处 2 年以下劳动改造。

把国家管制的物品作为外汇来源的，处 5 年以下有期徒刑。

情节严重的，处 5 年以上 10 年以下有期徒刑。

第 127 条（随意制定人民经济计划罪）

随意制定人民经济计划，给人民经济的计划性、均衡性发展带来阻碍的，处 2 年以下劳动改造。

情节严重的，处 3 年以下有期徒刑。

第 128 条（擅自修改人民经济计划罪）

没有受到人民经济计划批准机关的认可而修改人民经济计划的，处 2 年以下劳动改造。

第 129 条（未达到人民经济计划目标罪）

没有投入地开展经济组织工作，而使人民经济计划远未达到目标的，处 2 年以下劳动改造。

情节严重的，处 2 年以下有期徒刑。

第 130 条（谎报人民经济计划执行情况罪）

谎报人民经济计划执行情况的，处 2 年以下劳动改造。

前款行为为累犯或者因前款行为而给国家政策的拟定和执行

造成阻碍的，处 5 年以下有期徒刑。

第 131 条（合同违约罪）

违反合约规定而给人民经济计划执行带来阻碍的，处 2 年以下劳动改造。

情节严重的，处 2 年以下有期徒刑。

第 132 条（无计划地生产、建设罪）

利用人民经济计划实施所需的劳力、设备、材料、资金毫无计划地进行生产或者建设，而给人民经济计划执行带来阻碍的，处 2 年以下劳动改造。

情节严重的，处 3 年以下有期徒刑。

第 133 条（违反国家储备物资的供给、保管、使用秩序罪）

违反国家储备物资的供给、保管、使用秩序的，处 5 年以下有期徒刑。

第 134 条（非法进行经济管理罪）

机关、企业、团体的负责人非法进行经济管理的，处 2 年以下劳动改造。

情节严重的，处 2 年以下有期徒刑。

第 135 条（非法动用国家财产罪）

非法动用货币等国家和社会合作团体财产的，处 5 年以下有期徒刑。

因前款行为而给国家和社会合作团体造成巨大损失的，处 5 年以上 10 年以下有期徒刑。

第 136 条（挪用、浪费、私藏原料、材料、资金、设备罪）

挪用、浪费或者私藏原料、材料、资金、设备，而给经济管理运营带来阻碍，或者给国家和社会合作团体带来重大损失的，处 2 年以下劳动改造。

情节严重的，处 2 年以下有期徒刑。

第 137 条（使财产腐坏、变质、流失罪）

不负责任地保管国家和社会合作团体的财产，而造成数额较大财产腐坏、变质、流失的，处 2 年以下劳动改造。

因前款行为而致使数额巨大的国家和社会合作团体财产腐坏、变质、流失的，处 4 年以下有期徒刑。

第 138 条（非法处理、取得设备、物资、材料罪）

机关、企业、团体之间非法地给予、交换或者购买设备、物资、材料的，处 2 年以下劳动改造。

第 139 条（掠取国家财产转移到机关罪）

掠取国家和社会合作团体的财产而用于自己的机关、企业、团体，或者转交给其他机关、企业、团体的，处 2 年以下劳动改造。

情节严重的，处 3 年以下有期徒刑。

第 140 条（处理收受品、受贿品罪）

以利己为目的，对收受或者受贿所得的原料、材料、商品进行销售、处理的，处 2 年以下有期徒刑。

第 141 条（生产残次品、不合格品罪）

违反相关技术规定、标准作业法、相关规格规定，生产了大量的残次品、不合格品或者使之生产的，处 2 年以下劳动改造。

因前款行为而造成巨大损失的，处 3 年以下有期徒刑。

第 142 条（违反质量监督秩序罪）

违反质量监督秩序，致使产品质量等级受到错误的评估，或者明知是残次品、不合格品还默许其生产，而造成严重后果的，处 2 年以下劳动改造。

情节严重的，处 5 年以下有期徒刑。

第 143 条（不清点、维修设备罪）

不按照设备清点、维修规定组织清点、维修工作，而造成设备受损或使生产停止的，处 2 年以下劳动改造。

因前款行为而造成重要的设备受损或者生产长时间停止的，处 2 年以下有期徒刑。

第 144 条（错误设计、错误施工罪）

由于错误设计施工，或者没有设计文件就进行施工，或者胡乱设计施工，而造成人员伤亡或者严重损失的，处 2 年以下劳动改造。

情节严重的，处 5 年以下有期徒刑。

第 145 条（不负责任地进行竣工检查或者使用许可罪）

不负责任地进行建筑物的竣工检查或者机械设备的使用许可而引发事故的，处 2 年以下劳动改造。

因前款行为而造成多人伤亡或者其他严重后果的，处 3 年以下有期徒刑。

情节严重的，处 3 年以上 8 年以下有期徒刑。

第 146 条（没有受到竣工检查或者使用许可而使用罪）

没有受到建筑物的竣工检查或者机械设备的使用许可就进行使用而引发事故的，处 2 年以下劳动改造。

因前款行为而造成多人伤亡或者其他严重后果的，处 3 年以下有期徒刑。

情节严重的，处 3 年以上 8 年以下有期徒刑。

第 147 条（变更国家建筑物构造罪）

非法地对国家的建筑物构造进行变更的，处 2 年以下劳动改造。

第 148 条（不维修国家建筑物罪）

对国家建筑物不进行及时维修而致使其无法使用或者使用寿命缩短的，处 2 年以下劳动改造。

第 149 条（非法转让和收受国家所有住房罪）

通过给予或者收受财物，非法转让、收受或者外借国家所有住房的，处 2 年以下劳动改造。

第 150 条（不按农业法进行指导罪）

农业指导机关工作人员没有按照农业法的要求进行指导，而给农业生产造成严重后果的，处 2 年以下劳动改造。

情节严重的，处 2 年以下有期徒刑。

第 151 条（违反种子的生产、供给、使用秩序罪）

违反种子的生产、供给、使用秩序，而给农业生产造成严重后果的，处 2 年以下劳动改造。

情节严重的，处 2 年以下有期徒刑。

第 152 条（违反农业生产科学技术规程罪）

违反农业生产的科学技术规程，或者不负责任地进行农产作业，而给农业生产造成严重后果的，处 2 年以下劳动改造。

情节严重的，处 2 年以下有期徒刑。

第 153 条（违反兽医防疫和饲养管理秩序罪）

违反兽医防疫和饲养管理秩序，而使较大数量的家畜死亡的，处 2 年以下劳动改造。

因前款行为而造成数量巨大的家畜死亡的，处 2 年以下有期徒刑。

第 154 条（违反养鱼工作秩序罪）

违反养鱼水域的管理、鱼类资源的组成和保护、鱼类的生产和供给秩序，而造成严重后果的，处 2 年以下有期徒刑。

第 155 条（违反浅海养殖秩序罪）

违反浅海养殖秩序，随意地进行养殖，并引起严重后果的，处 2 年以下劳动改造。

第 156 条（违反商品供给秩序罪）

没有及时接收产品或者违反商品供给秩序，给人民生活带来巨大不便的，处 2 年以下劳动改造。

情节严重的，处 2 年以下有期徒刑。

第 157 条（违反商品销售秩序罪）

改变商品的外观、重量或者性质进行销售，或者隐瞒其价格进行销售，或者利用商店柜台出售私人物品的，处 2 年以下劳动改造。

情节严重的，处 2 年以下有期徒刑。

第 158 条（违反粮食政策秩序罪）

违反粮食谷物的收购、输送、供求、供给秩序而造成严重后果的，处 2 年以下劳动改造。

情节严重的，处 3 年以下有期徒刑。

第 159 条（机关、企业、团体的私自酿酒罪）

机关、企业、团体的负责人以买卖或者物物交换为目的，非法地生产酒、啤酒，或者用未经认可的原料生产酒、啤酒的，处 2 年以下劳动改造。

第 160 条（个人的私自酿酒罪）

个人以买卖为目的，非法地生产酒、啤酒的，处 2 年以下劳动改造。

因前款行为而消耗大量粮食谷物的，处 3 年以下有期徒刑。

第 161 条（非法处理生产制品罪）

机关、企业、团体的负责人非法地将生产制品处理给个人的，处2年以下劳动改造。

情节严重的，处3年以下有期徒刑。

第162条（违反计量器具秩序罪）

非法地修改计量器具的刻度和量，或者明知计量器具的刻度和量是错误的，却仍然进行使用的，处2年以下劳动改造。

第163条（违反电力生产、供给秩序罪）

电力部门工作人员违反电力生产、供给秩序而造成严重后果的，处2年以下劳动改造。

情节严重的，处3年以下有期徒刑。

第164条（建设没有实际价值的设施、制造没有实际价值的机械设备罪）

明知没有经济价值或者价值极低，仍建设设施或者制造机械设备，而致使大量的材料、资金、劳力被浪费的，处2年以下有期徒刑。

情节严重的，处2年以上7年以下有期徒刑。

第165条（违反电力使用秩序罪）

违反电力使用秩序造成大量电力浪费的，处2年以下劳动改造。

情节严重的，处3年以下有期徒刑。

第166条（不负责任地开展邮电工作罪）

邮电部门工作人员不负责任地进行机电通信、邮政通信，或者没有对发射设施做正常清点维修，而造成严重后果的，处2年以下劳动改造。

因前款行为而致使通信、发射长时间中止的，处3年以下有期徒刑。

第 167 条（妨害电话的设置和使用罪）

以自身利益为目的，多次对没有得到许可的电话进行安装，或者对得到许可的电话没有及时安装，而使正常通话无法进行的，处 2 年以下劳动改造。

第 168 条（违反海事监督秩序罪）

违反海事监督秩序，不负责任地审议船只设计、登临和检查船只、进行船员登陆和技术资格审查，处 2 年以下劳动改造。

情节严重的，处 2 年以下有期徒刑。

第 169 条（逃避海难救助义务罪）

有海难救助义务的人对处于危险中的人、船只、行李没有进行救助，而造成严重后果的，处 2 年以下劳动改造。

情节严重的，处 3 年以下有期徒刑。

第 170 条（违反价格工作秩序罪）

违反价格工作秩序，制定、运用价格，或者对国家制定的价格不经认可私自修改的，处 2 年以下劳动改造。

情节严重的，处 2 年以下有期徒刑。

第 171 条（盗用暖气罪）

未经相关机构许可在管网中盗用暖气或者调整设置在管网中的转换装置，而给暖气供给带来严重后果的，处 2 年以下劳动改造。

第 172 条（违反居民燃料供给秩序罪）

居民燃料供给部门的工作人员不负责任地进行居民燃料确保工作，或者违反供给秩序，给人民生活带来严重后果的，处 2 年以下劳动改造。

第三节　侵害国土管理和环境保护秩序罪

第 173 条（滥用、废耕土地罪）

未经认可大面积地滥用土地或者使其废耕的，处 2 年以下劳动改造。

第 174 条（土地流失罪）

不负责任地进行土地保护工作，致使大面积土地流失的，处 2 年以下劳动改造。

第 175 条（违反地下资源开发和开采秩序罪）

机关、企业、团体的工作人员违反地下资源的开发和开采秩序，造成严重后果的，处 2 年以下劳动改造。

第 176 条（非法采金、炼金罪）

非法开采、冶炼黄金的，处 2 年以下劳动改造。

情节严重的，处 4 年以下有期徒刑。

第 177 条（违反山林造林、保护、使用秩序罪）

机关、企业、团体的负责人违反山林的造林、保护、使用秩序，而给山林资源带来巨大损失的，处 2 年以下劳动改造。

情节严重的，处 2 年以下有期徒刑。

第 178 条（滥盗、滥伐山林罪）

滥盗、滥伐山林的，处 2 年以下劳动改造。

情节严重的，处 2 年以下有期徒刑。

第 179 条（过失引发山火罪）

因过失引发山火而造成大量山林资源受损的，处 2 年以下有期徒刑。

情节严重的，处 2 年以上 5 年以下有期徒刑。

第 180 条（非法开山罪）

非法开山给山林保护带来阻碍的，处 2 年以下劳动改造。

第 181 条（违反水产和动植物资源保护管理秩序罪）

未经许可或者在禁止的时间和地点，或者以禁止的工具和方法捕捉、采集水产有益的动植物的，处 2 年以下劳动改造。

第 182 条（违反环境保护秩序罪）

违反环境保护秩序，给大气、水、土壤造成污染而引发公害的，处 2 年以下劳动改造。

情节严重的，处 5 年以下有期徒刑。

第 183 条（违反河流管理秩序罪）

违反河流管理秩序引发严重后果的，处 2 年以下劳动改造。

情节严重的，处 2 年以下有期徒刑。

第 184 条（违反道路管理秩序罪）

对道路不进行正常的保养、整顿、修复，而给运输工具的运行造成阻碍的，处 2 年以下劳动改造。

情节严重的，处 3 年以下有期徒刑。

第四节　侵害劳动行政秩序罪

第 185 条（不完备劳动保护和劳动安全设施罪）

机关、企业、团体负责人不完备劳动保护和劳动安全设施，而造成人员伤亡或者其他严重事故的，处 2 年以下劳动改造。

因前款行为而致多人死亡的，处 4 年以下有期徒刑。

情节严重的，处 4 年以上 8 年以下有期徒刑。

第 186 条（违反劳动安全秩序罪）

违反劳动安全秩序而造成人员伤亡或者其他严重事故的，处

2 年以下劳动改造。

因前款行为而致多人死亡的，处 3 年以下有期徒刑。

情节严重的，处 3 年以上 8 年以下有期徒刑。

第 187 条（交通肇事罪）

驾驶自行车、电车、拖拉机、摩托车的人，违反道路交通驾驶秩序而造成人员伤亡或者其他严重事故的，处 2 年以下劳动改造。

因前款行为而致多人死亡或者肇事逃逸的，处 5 年以下有期徒刑。

情节严重的，处 5 年以上 10 年以下有期徒刑。

第 188 条（不负责任地进行劳力分配、调整、动员罪）

劳动行政部门工作人员无视劳力派遣文件而无理由拒绝劳力入职或者不给予分配，或者随意地进行劳力动员、调整工作，而造成劳力浪费或者引发社会众议的，处 2 年以下劳动改造。

情节严重的，处 2 年以下有期徒刑。

第 189 条（恣意免职罪）

无正当理由而调走从业人员或者对其进行调动的，处 2 年以下劳动改造。

第 190 条（违反分配秩序罪）

故意对劳动的质和量做出错误的评估，致使不当地分配生活费、奖金的，处 2 年以下劳动改造。

第 191 条（使用未成年人劳动罪）

使用未达到劳动年龄的未成年人进行劳动的，处 2 年以下劳动改造。

第 192 条（使用女性进行法律禁止的劳动罪）

使用女性进行法律禁止的劳动的，处 2 年以下劳动改造。

第六章　侵害社会主义文化罪

第 193 条（引入、散播颓废文化罪）

未经许可从其他国家引入或者制作、散播反映颓废、色情、低俗内容的音乐、舞蹈、图画、照片、图书、录像和软盘、CD 只读存储器之类的存储介质的，处 2 年以下劳动改造。

情节严重的，处 4 年以下有期徒刑。

第 194 条（实施颓废行为罪）

观看或者收听反映颓废、色情、低俗内容的音乐、舞蹈、图画、照片、图书、录像和 CD 只读存储器之类的存储介质，或者实施此类行为的，处 2 年以下劳动改造。

情节严重的，处 5 年以下有期徒刑。

第 195 条（收听敌对广播，收集、保管、散布敌对印刷品、油印品罪）

不是以反对国家为目的，系统地收听反对共和国的广播，或者收集、保管、散布反对共和国的传单、照片、录像物、印刷品、油印品的，处 2 年以下劳动改造。

情节严重的，处 5 年以下有期徒刑。

第 196 条（损坏文物和遗迹名胜地、天然纪念物罪）

损坏国家保存管理的文物和遗迹名胜地、天然纪念物的，处 2 年以下劳动改造。

第 197 条（盗掘文物罪）

盗掘文物的，处 2 年以下有期徒刑。

前款行为累犯的，处 5 年以上 10 年以下有期徒刑。

情节严重的，处 10 年以下有期徒刑。

第 198 条（走私、非法买卖历史遗物罪）

走私、非法买卖文物的，处 5 年以下有期徒刑。

前款行为累犯或者走私、非法买卖准国宝文物的，处 5 年以上 10 年以下有期徒刑。

走私、非法买卖国宝级文物的，处 10 年以上有期徒刑。

情节严重的，处无期徒刑。

第 199 条（扼杀著作、发明、研究创意罪）

在贪欲、忌妒或者其他卑劣动机下，对著作、发明、研究创意作出错误评价使其被扼杀的，处 2 年以下劳动改造。

情节严重的，处 3 年以下有期徒刑。

第 200 条（剽窃著作、发明、研究创意罪）

以利己为目的，盗用别人的著作、发明、研究创意以自己的名义发表的，处 2 年以下劳动改造。

情节严重的，处 3 年以下有期徒刑。

第 201 条（入侵计算机网络罪）

入侵国家管理、国防建设、尖端科学技术领域的计算机网络的，处 2 年以下有期徒刑。

第 202 条（损坏情报罪）

损坏计算机之类的情报处理装置或国家的重要情报存储介质的，处 3 年以下有期徒刑。

第 203 条（输入、散布虚假情报罪）

在贪欲、忌妒或者其他卑劣动机下，向计算机网络输入或散布虚假情报，给情报处理造成障碍的，处 2 年以下有期徒刑。

第 204 条（不负责任地执行教育纲领和教案罪）

教育部门工作人员无正当理由而不执行教育纲领和教案，或者不负责任地执行的，处 2 年以下劳动改造。

第 205 条（不当进行后备培育工作罪）

收受贿赂，或者滥用职权，或者以欺骗的方式进行学校推荐和入学、学生实力评估和分配工作的，处 2 年以下劳动改造。

情节严重的，处 5 年以下有期徒刑。

第 206 条（不当进行体育选手选拔罪）

收受贿赂或者滥用职权，使参加重要体育比赛的选手选拔无法进行，而造成严重后果的，处 2 年以下劳动改造。

情节严重的，处 5 年以下有期徒刑。

第 207 条（违反儿童保护管理秩序罪）

幼儿园、托儿所工作人员违反儿童保护管理秩序，造成儿童伤亡的，处 2 年以下劳动改造。

情节严重的，处 3 年以下有期徒刑。

第 208 条（拒绝治疗罪）

医疗工作人员没有特别原因拒绝出诊和治疗，而使患者死亡的，处 2 年以下有期徒刑。

第 209 条（医疗事故罪）

医疗工作人员不诚实地或者错误地进行治疗和监护，或者乱开药，而给患者健康带来损害的，处 2 年以下劳动改造。

因前款行为而致患者死亡的，处 3 年以下有期徒刑。

第 210 条（生产不良药品、医疗器具罪）

错误地进行药品和医疗器具生产，或者没有及时对药品、医疗器具进行检查，而给患者的治疗带来阻碍的，处 2 年以下劳动改造。

因前款行为而致患者死亡的，处3年以下有期徒刑。

第211条（非法行医罪）

非医疗工作人员以获取自身利益为目的实施医疗行为，或者医疗工作人员在医院外的其他地方，以获取自身利益为目的实施医疗行为，而给患者健康带来损害的，处2年以下有期徒刑。

因前款行为而致患者死亡的，处2年以上5年以下有期徒刑。

第212条（懈怠卫生防疫工作罪）

卫生防疫工作人员不负责任地开展防疫工作，致使传染病传播的，处2年以下劳动改造。

情节严重的，处3年以下有期徒刑。

第213条（不负责任地进行国境检疫罪）

国境检疫工作人员不负责任地进行卫生和动植物检疫，致使传染病传播的，处2年以下劳动改造。

情节严重的，处4年以下有期徒刑。

第214条（取得、买卖、使用人体内脏器官、胎儿、血液罪）

以治病或者利己为目的，取得、买卖或者使用人的内脏器官、胎儿、胎盘、血液的，处5年以下有期徒刑。

因前款行为而造成严重后果的，处5年以上10年以下有期徒刑。

情节特别严重的，处10年以上有期徒刑或者无期徒刑。

第215条（制售假药、食品罪）

以利己为目的，制造或者销售假药、食品的，处2年以下劳动改造。

明知是对人生命、健康有害的假药、食品还进行制造或者销售的，处5年以下有期徒刑。

因前款行为而致人死亡、重病或者残疾的，处5年以上10年以下有期徒刑。

情节严重的，处10年以上有期徒刑。

第216条（非法种植罂粟、制造麻醉药品罪）

非法种植罂粟或者制造麻醉药品的，处2年以下有期徒刑。

情节严重的，处2年以上5年以下有期徒刑。

第217条（非法使用麻醉药品罪）

非法使用麻醉药品的，处2年以下劳动改造。

情节严重的，处2年以下有期徒刑。

第218条（走私、非法买卖麻醉药品罪）

走私、非法买卖麻醉药品的，处5年以下有期徒刑。

前款行为累犯、合谋犯罪，或者走私、非法买卖麻醉药品数量较大的，处5年以上10年以下有期徒刑。

情节特别严重的，处10年以上有期徒刑或者无期徒刑。

第七章　妨害一般行政管理秩序罪

第一节　妨害一般行政管理秩序罪

第 219 条（集体骚乱罪）

不是以反国家为目的，集体性地不响应、反抗国家机关指示的，处 5 年以下有期徒刑。

利用武器或凶器实施前款行为，或者因前款行为而引起杀人、破坏等严重后果的，处 5 年以上 10 年以下有期徒刑。

第 2 款犯罪行为中的主谋和领导者处 10 年以上有期徒刑。

第 220 条（妨碍执行公务罪）

用暴力、胁迫、侮辱的方式妨碍管理工作人员执行公务的，处 2 年以下劳动改造。

合谋实施前款犯罪行为，或者因前款行为而给相关部门的工作造成混乱的，处 3 年以下有期徒刑。

第 221 条（妨碍法律工作者执行公务罪）

暴力、胁迫、侮辱或者滥用职权妨碍法律工作者执行公务的，处 2 年以下劳动改造。

合谋实施前款犯罪行为，或者因前款行为而造成严重后果的，处 4 年以下有期徒刑。

第 222 条（捏造、散播谣言罪）

不以反国家为目的，捏造或者散播可以引发对国家不信任的谣言，给社会带来混乱的，处2年以下劳动改造。

第223条（非法使用、伪造公章、机关负责人印章罪）

非法使用或者伪造公章、机关负责人印章，或者明知是伪造的印章还进行使用的，处2年以下劳动改造。

情节严重的，处3年以下有期徒刑。

第224条（非法处理、伪造、使用文书、证明书罪）

出于利己的目的或者卑劣的动机，藏匿、处理、伪造文书、公民证、证明书，或者明知是假的还进行使用的，处2年以下劳动改造。

情节严重的，处2年以下有期徒刑。

第225条（买卖证明书罪）

销售或者购买证明书的，处2年以下劳动改造。

第226条（违反出版秩序罪）

违反出版秩序印刷、出版、发行出版物，或者非法打印、复印出版物，造成严重后果的，处2年以下劳动改造。

情节严重的，处3年以下有期徒刑。

第227条（违反放射性、爆炸性、易燃性物质输送秩序罪）

违反放射性、爆炸性、引燃性物质输送秩序，对其搬运、托运或者给予托运的，处2年以下劳动改造。

因前款行为造成人员伤亡或者带来较大损失的，处5年以下有期徒刑。

因第1款的行为而致多人伤亡或者巨大损失的，处5年以上10年以下有期徒刑。

情节严重的，处10年以上有期徒刑。

第228条（违反警备工作秩序罪）

违反警备工作秩序，致使警备对象物受到损害的，处2年以下有期徒刑。

情节严重的，处 2 年以上 4 年以下有期徒刑。

第 229 条（非法携带、使用、转交爆炸物罪）

非法携带、使用炸药、雷管、爆炸物，或者将其非法转交给他人的，处 2 年以下劳动改造。

情节严重的，处 4 年以下有期徒刑。

第 230 条（故意泄露国家机密罪）

故意泄露国家机密的，处 5 年以下有期徒刑。

泄露重要的国家机密或者因泄露国家机密而造成严重后果的，处 5 年以上 10 年以下有期徒刑。

第 231 条（过失泄露国家机密罪）

过失泄露国家机密或者丢失国家机密文件的，处 2 年以下劳动改造。

情节严重的，处 5 年以下有期徒刑。

第 232 条（入侵领空、领海罪）

其他国家的人驾驶飞机或者船只未经许可进入共和国领空、领海，或者前进到共和国领空、领海外，或者违反指定航道、飞行高度的，处 3 年以下有期徒刑。

第 233 条（非法出入国境罪）

非法出入国境的，处 2 年以下劳动改造。

情节严重的，处 3 年以下有期徒刑。

第 234 条（非法协助出入国境罪）

国境管理部门工作人员非法协助他人出入国境的，处 2 年以下有期徒刑。

如果前款行为的行为人构成累犯或者收受财物的，处 2 年以上 5 年以下有期徒刑。

第 235 条（逾越航海区域、捕捞区域罪）

未经许可逾越指定航海区域、捕捞区域的，处 2 年以下劳动改造。

第 236 条（虚假检举、陈述罪）

对犯罪进行虚假检举或者进行虚假陈述、鉴定、翻译、解释的，处 2 年以下劳动改造。

情节严重的，处 3 年以下有期徒刑。

第 237 条（胁迫证人罪）

用暴力、胁迫的方法使证人进行虚假陈述、鉴定、翻译、解释的，处 2 年以下劳动改造。

第 238 条（报复罪）

以报复为目的，对执行公务的人或者举报人、证人、鉴定人、翻译人、解释人使用暴力或者进行侮辱的，处 2 年以下有期徒刑。

情节严重的，处 2 年以上 5 年以下有期徒刑。

第 239 条（对一般犯罪的藏匿罪）

藏匿可判处有期徒刑以上刑罚的犯罪分子或者罪证的，处 2 年以下劳动改造。

前款行为累犯或者藏匿实施了杀人、抢劫行为的犯罪分子或者其罪证的，处 3 年以下有期徒刑。

第 240 条（对一般犯罪的不检举罪）

明知正准备实施本法第 95 条、第 278 条、第 302 条犯罪行为或者已经实施犯罪，而不向相关机关进行检举的，处 2 年以下劳动改造。

第 241 条（拘留、服刑人员脱逃罪）

在拘留中或者服刑中的人脱逃的，处 2 年以下劳动改造。

破坏设施或者对警备人员使用暴力而脱逃的，处 5 年以下有期徒刑。

第 242 条（贿赂罪）

非管理工作人员行贿或者受贿的，处 2 年以下劳动改造。

第 243 条（损坏封条罪）

对机关、企业、团体的机密室、文件库、资料保管室、贵重物品保管室的封条或者司法机关加封的封条进行损坏，给机关部门工作带来阻碍的，处 2 年以下劳动改造。

第 244 条（不当申诉罪）

以利己为目的或者出于卑劣的动机，捏造事实进行申诉，造成严重后果的，处 2 年以下劳动改造。

第 245 条（损害对外主权罪）

公民在其他国家对共和国的主权进行损害的，处 3 年以下有期徒刑。

情节严重的，处 3 年以上 8 年以下有期徒刑。

第二节　管理工作人员的职务犯罪

第 246 条（滥用职权罪）

管理工作人员以利己为目的，滥用职权造成严重后果的，处 2 年以下劳动改造。

情节严重的，处 2 年以下有期徒刑。

第 247 条（越权罪）

管理工作人员未经许可而行使本属于其上级的权限并引发严重后果的，处 2 年以下劳动改造。

情节严重的，处 2 年以下有期徒刑。

第 248 条（玩忽职守罪）

管理工作人员不执行上级的命令、指示或者职务上的职责，或者随意执行，而造成严重后果的，处 2 年以下劳动改造。

情节严重的，处 2 年以下有期徒刑。

第 249 条（造成物质负担罪）

机关、企业、团体的负责人以支援、后援、补助、工作保障的名义给从业人员造成物质负担的，处 2 年以下劳动改造。

前款行为累犯或者强迫实施的，处 3 年以下有期徒刑。

第 250 条（无视申诉请求罪）

管理工作人员故意无视公民的申诉请求或者对其进行错误处理的，处 2 年以下劳动改造。

情节严重的，处 2 年以下有期徒刑。

第 251 条（损害国家机关权威罪）

管理工作人员实施专权或者违法行为，致使国家机关的权威受到损害的，处 2 年以下劳动改造。

情节严重的，处 2 年以下有期徒刑。

第 252 条（非法逮捕、拘留、搜查罪）

法律工作者非法逮捕、拘留、拘押他人，非法搜查他人身体或住宅，或者扣押、没收财产的，处 2 年以下劳动改造。

前款行为累犯或者因前款行为引发社会众议的，处 2 年以下有期徒刑。

第 253 条（夸大、捏造案情罪）

司法工作人员非法审问他人或者夸大、捏造案情的，处 5 年以下有期徒刑。

因前款行为而给他人健康带来损害，或者致使他人承担刑事责任的，处 5 年以上 10 年以下有期徒刑。

情节严重的，处 10 年以上有期徒刑。

第 254 条（非法释放罪）

司法工作人员非法释放犯罪分子或者对犯罪行为进行轻判的，处 3 年以下有期徒刑。

第 255 条（不当判决、裁定罪）

审判人员故意进行不当判决、裁定的，处 3 年以下有期徒刑。

情节严重的，处 3 年以上 8 年以下有期徒刑。

第 256 条（不执行判决、裁定罪）

无正当理由不执行已确定的判决、裁定的，处 2 年以下劳动改造。

第 257 条（管理工作人员贿赂罪）

管理工作人员行贿或者受贿的，处 2 年以下劳动改造。

贿赂数额巨大，或者强迫他人给予贿赂，或者机关责任人受贿的，处 4 年以下有期徒刑。

第八章　侵害社会主义共同生活秩序罪

第 258 条（不良行为罪）

实施无耻的不良行为的，处 2 年以下劳动改造。

合谋或者用残忍的方法实施不良行为的，处 5 年以下有期徒刑。

第 259 条（帮派斗争罪）

集团性地进行帮派斗争而造成社会秩序混乱的，处 2 年以下劳动改造。

利用武器或凶器实施犯罪，或者因前款行为而造成杀人、破坏等严重后果的，处 5 年以下有期徒刑。

对实施第 2 款行为的主谋和领导者，处 5 年以上 10 年以下有期徒刑。

第 260 条（教唆未成年人犯罪罪）

教唆不到 17 岁的未成年人实施犯罪，或者使其加入犯罪或成为不良分子的，处 3 年以下有期徒刑。

情节严重的，处 3 年以上 7 年以下有期徒刑。

第 261 条（卖淫罪）

多次进行卖淫行为的，处 2 年以下劳动改造。

以卖淫为常业或者因卖淫行为而引起社会众议的，处 2 年以下有期徒刑。

第 262 条（淫秽行为罪）

多名男女聚集在一起实施淫秽行为的，处 5 年以下有期徒刑。

前款行为累犯或者因前款行为而引发社会众议的，处 5 年以上 10 年以下有期徒刑。

第 263 条（盗用职权罪）

非管理工作人员冒充管理工作人员，或者管理工作人员盗用其他管理工作人员的职权，造成国家威信受损或者实施危害社会的行为的，处 2 年以下劳动改造。

情节严重的，处 2 年以下有期徒刑。

第 264 条（虚假行事罪）

冒充检查人员、审计人员、监督人员实施危害社会的行为的，处 2 年以下劳动改造。

第 265 条（盗用称号罪）

以利己为目的，多次盗用国家的名誉或称号实施危害社会行为的，处 2 年以下劳动改造。

第 266 条（赌博罪）

用财物进行赌博的，处 2 年以下劳动改造。

情节严重的，处 5 年以下有期徒刑。

第 267 条（实施迷信活动罪）

收受财物而多次实施迷信活动的，处 2 年以下劳动改造。

情节严重的，处 5 年以下有期徒刑。

第 268 条（助长迷信活动罪）

出于利己目的或者其他动机，向人们传播迷信活动的，处 2 年以下劳动改造。

向多人实施前款行为或者收受大量财物的，处 3 年以下有期徒刑。

情节严重的，处 3 年以上 7 年以下有期徒刑。

第 269 条（强力行使权利罪）

不依据法律行使、享有人身或财产相关权利的，处 2 年以下劳动改造。

第 270 条（非法婚姻罪）

出于贪欲或者其他动机，与多个对象结婚或者破坏他人家庭的，处 2 年以下劳动改造。

情节严重的，处 2 年以下有期徒刑。

第 271 条（逃避对老人、儿童的保护责任罪）

对老人、儿童、无劳动能力者具有保护义务，却故意不对其进行照顾，而给其健康造成损害的，处 2 年以下劳动改造。

情节严重的，处 2 年以下有期徒刑。

第 272 条（虐待、歧视罪）

虐待、歧视职务上有服从关系或者在其保护下的人，对其健康造成损害的，处 2 年以下劳动改造。

因前款行为而致人死亡的，处 2 年以下有期徒刑。

第 273 条（侵占拾得物罪）

拾到财物不上缴国家机关而据为己有的，处 2 年以下劳动改造。

第 274 条（不上缴酬金、利润罪）

公务员在交易过程中收受或者得到的酬金、利润不上缴国家机关而据为己有，或者共同贪污的，处 2 年以下劳动改造。

情节严重的，处 5 年以下有期徒刑。

第 275 条（交易掠取物品罪）

明知是掠取物品而据为己有或者进行购买或销售的，处 2 年以下劳动改造。

情节严重的，处 2 年以下有期徒刑。

第 276 条（损坏坟墓罪）

故意损坏坟墓的，处 2 年以下劳动改造。

大量损坏坟墓的，处 2 年以下有期徒刑。

情节严重的，处 2 年以上 4 年以下有期徒刑。

第 277 条（放任严重后果发生罪）

明知他人处于死亡的危险之中或者会造成巨大损失，却没有向相关机关或关系人进行报告，或者没有作出本可作为的行为，而致人死亡或者引发其他严重后果的，处 2 年以下劳动改造。

第九章　侵害公民的生命财产罪

第一节　侵害生命、健康、人格罪

第 278 条（重故意杀人罪）

在贪欲、忌妒或者其他卑劣动机下，故意杀人的，处 10 年以上有期徒刑。

情节严重的，处无期徒刑或者死刑。

第 279 条（轻故意杀人罪）

没有贪欲、忌妒或者其他卑劣动机，故意致人死亡的，处 3 年以上 10 年以下有期徒刑。

情节严重的，处 10 年以上有期徒刑。

第 280 条（激情杀人罪）

因被害者的暴行或者严重的侮辱，在情绪一时冲动的情况下杀人的，处 3 年以上 6 年以下有期徒刑。

因前款行为而致多人死亡的，处 6 年以上 10 年以下有期徒刑。

第 281 条（防卫过当杀人罪）

超出正当防卫的程度，或者超出了执行公务必要的程度，而杀人的，处 3 年以下有期徒刑。

第 282 条（过失杀人罪）

过失杀人的，处 3 年以下有期徒刑。

因过失而杀害多人的，处 3 年以上 8 年以下有期徒刑。

第 283 条（故意重伤罪）

故意使人受到危及生命的重伤，或者使人丧失视觉、听觉等器官机能，或者毁人容貌，或者引发精神病，或者使人劳动能力显著下降的，处 5 年以下有期徒刑。

因前款行为而致被害人死亡或者以残忍的方法实施前款行为，或者合谋犯罪，或者致使多人重伤的，处 5 年以上 10 年以下有期徒刑。

情节严重的，处 10 年以上有期徒刑。

第 284 条（激情重伤罪）

因被害者的暴行或者严重的侮辱，在情绪一时冲动的情况下致人重伤的，处 2 年以下有期徒刑。

因前款行为而致多人重伤的，处 2 年以上 4 年以下有期徒刑。

第 285 条（防卫过当重伤罪）

超出正当防卫的程度，或者超出了执行公务必要的程度，而致人重伤的，处 2 年以下劳动改造。

情节严重的，处 2 年以下有期徒刑。

第 286 条（过失重伤罪）

因过失而致使他人重伤的，处 2 年以下劳动改造。

因过失而致多人重伤的，处 2 年以下有期徒刑。

第 287 条（故意轻伤罪）

故意给他人造成轻伤的，处 2 年以下劳动改造。

给多人造成轻伤或者用残忍的方法给他人造成轻伤的，处 2 年以下有期徒刑。

第 288 条（暴行罪）

对他人实施暴力的，处 2 年以下劳动改造。

合谋或者用残忍的手段实施前款行为，或者对多人实施暴力的，处2年以下有期徒刑。

第289条（偷盗儿童罪）

以利己为目的或者在报复的动机下，偷盗或者藏匿儿童的，处3年以下有期徒刑。

第290条（拐骗罪）

以利己为目的拐骗他人的，处5年以上10年以下有期徒刑。

拐骗多人或者合谋拐骗他人的，处10年以上有期徒刑。

情节特别严重的，处无期徒刑。

第291条（非法拘禁他人罪）

非法剥夺他人自由的，处2年以下劳动改造。

情节严重的，处2年以下有期徒刑。

第292条（侮辱、损害他人名誉罪）

侮辱他人或者损害其名誉的，处2年以下劳动改造。

第293条（强奸罪）

实施暴力、胁迫或者利用被害人孤立无援的状态对女性进行强奸的，处5年以下有期徒刑。

对多名女性进行强奸或者轮奸的，处5年以上10年以下有期徒刑。

情节严重的，处10年以上有期徒刑。

第294条（强迫有服从关系的女性同自己性交罪）

强迫有服从关系的女性与自己性交的，处2年以下劳动改造。

情节严重的，处2年以下有期徒刑。

对多名女性实施前款行为，或者因前款行为而致使女性堕落、自杀的，处2年以上5年以下有期徒刑。

第 295 条（与未成年人性交罪）

与未满 15 岁的未成年人性交的，处 5 年以下有期徒刑。

前款行为累犯或者以强迫手段实施的，处 5 年以上 10 年以下有期徒刑。

第二节 侵害个人所有权罪

第 296 条（偷盗个人财产罪）

偷盗个人财产的，处 2 年以下劳动改造。

情节严重的，处 2 年以下有期徒刑。

合谋或者偷盗个人财产数额较大的，处 2 年以上 7 年以下有期徒刑。

偷盗个人财产数额巨大的，处 7 年以上 10 年以下有期徒刑。

第 297 条（抢夺个人财产罪）

抢夺个人财产的，处 2 年以下劳动改造。

情节严重的，处 3 年以下有期徒刑。

累犯、合谋或者抢夺个人财产数额较大的，处 3 年以上 8 年以下有期徒刑。

抢夺个人财产数额巨大的，处 8 年以上 12 年以下有期徒刑。

第 298 条（勒索个人财产罪）

勒索个人财产的，处 2 年以下劳动改造。

情节严重的，处 3 年以下有期徒刑。

累犯、合谋或者勒索个人财产数额较大的，处 3 年以上 8 年以下有期徒刑。

勒索个人财产数额巨大的，处 8 年以上 12 年以下有期徒刑。

第 299 条（诈骗个人财产罪）

诈骗个人财产的，处 2 年以下劳动改造。

情节严重的，处 2 年以下有期徒刑。

诈骗个人财产数额较大的，处 2 年以上 5 年以下有期徒刑。

诈骗个人财产数额巨大的，处 5 年以上 10 年以下有期徒刑。

第 300 条（侵吞个人财产罪）

侵吞个人财产的，处 2 年以下劳动改造。

情节严重的，处 2 年以下有期徒刑。

合谋犯罪或者侵吞个人财产数额较大的，处 2 年以上 7 年以下有期徒刑。

侵吞个人财产数额巨大的，处 7 年以上 10 年以下有期徒刑。

第 301 条（情节特别严重的掠取个人财产犯罪）

实施上述掠取个人财产的犯罪，情节特别严重的，处 10 年以上有期徒刑。

第 302 条（抢劫个人财产罪）

实施危害人民生命、健康的暴力、胁迫行为，抢劫个人财产的，处 5 年以下有期徒刑。

累犯、合谋犯罪，或者利用凶器、武器实施抢劫，或者抢劫个人财产数额较大，或者因抢劫行为而致人死亡或者重伤的，处 5 年以上 10 年以下有期徒刑。

情节特别严重的，处 10 年以上有期徒刑或者无期徒刑。

第 303 条（故意破坏个人财产罪）

故意破坏个人财产的，处 2 年以下劳动改造。

累犯、合谋犯罪，或者破坏个人财产数额较大的，处 4 年以下有期徒刑。

情节严重的，处 4 年以上 10 年以下有期徒刑。

附录：

Ⅰ. 朝鲜民主主义人民共和国宪法（节选）

朝鲜民主主义人民共和国宪法（节选）

（1972 年 12 月 27 日朝鲜民主主义人民共和国第五届最高人民会议第一次会议通过，1992 年 4 月 9 日第九届三次会议修改，1998 年 9 月 5 日第十届一次会议修改补充）

第一章　政　　治

第 18 条　朝鲜民主主义人民共和国的法律，是劳动人民的意志和利益的体现，是管理国家的基本武器。

尊重并严格遵守和执行法律，是所有机关、企业、团体和公民的义务。

国家完善社会主义法律制度，加强社会主义守法行为。

第五章　公民的基本权利和义务

第 66 条　17 岁以上的所有公民，不分性别、民族、职业、居住期限、财产状况、文化程度、所属政党、政见以及宗教信仰，都有选举权和被选举权。

在军队里服役的公民也有选举权和被选举权。

经法院判决被剥夺选举权的人和有精神病的人不得享有选举权和被选举权。

第 67 条　公民有言论、出版、集会、示威和结社的自由。

国家提供民主政党、社会团体自由活动的条件。

第 68 条　公民有宗教信仰的自由。这一权利以允许建设宗教建筑、举行宗教仪式等加以保障。

不得利用宗教引进外来势力或者破坏国家社会秩序。

第 69 条　公民可以请愿和提出申诉、控告。

国家对请愿、申诉和控告，必须按照法律规定公正地进行审理。

第六章　国家机构

第一节　最高人民会议

第 87 条　最高人民会议是朝鲜民主主义人民共和国的最高国家权力机关。

第 88 条　最高人民会议行使立法权。

最高人民会议闭会期间，其常任委员会也可以行使立法权。

第 91 条　最高人民会议行使下列职权：

一、修改并补充宪法；

二、通过或修改并补充部门法；

三、批准最高人民会议常任委员会在最高人民会议闭会期间通过的重要部门法；

……

第 92 条　最高人民会议举行定期会议和临时会议。

第 95 条　最高人民会议讨论的议案，由最高人民会议常任委员会、内阁和最高人民会议各专门委员会提出。

议员也可以提出议案。

第 97 条　最高人民会议发布法令和决议。

最高人民会议发布的法令和决议，用举手表决方式，以出席会议议员的过半数通过。

修改并补充宪法，须经最高人民会议三分之二以上议员赞成才能进行。

第 99 条　最高人民会议议员具有不可侵犯权。

最高人民会议议员除现行犯外非经最高人民会议或在其闭会期间非经其常任委员会许可，不受逮捕或刑事处罚。

……

第三节　最高人民会议常任委员会

第 106 条　最高人民会议常任委员会是最高人民会议闭会期间的最高权力机关。

第 110 条　最高人民会议常任委员会执行下列任务和职权：

……

二、审查和通过在最高人民会议闭会期间提出的新部门法草案、条例草案、现行部门法和条例的修改补充草案，将通过并实行的重要部门法提交下届最高人民会议批准；

……

四、解释宪法、现行部门法和条例；

五、监督国家机关守法、执法情况，并采取相应措施；

六、撤销同宪法，最高人民会议法令、决议，国防委员会决议、命令，最高人民会议常任委员会政令、决议、指示相抵触的国家机关决议和指示，制止地方人民会议不适当的决议的执行；

……

十七、行使大赦和特赦权；

……

第七节　检察院和法院

第 147 条　检察工作由最高检察院，道（直辖市）、市（区）、郡检察院和特别检察院进行。

……

第 150 条　检察院执行下列任务：

一、监察国家机关、企业、团体和公民是否严格遵守国家法律；

二、监察国家机关的决议和指示是否同宪法，最高人民会议法令和决议，国防委员会决议和命令，最高人民会议常任委员会政令、决议和指示，内阁决议和指示相抵触；

三、揭发违法犯罪分子，追究其法律责任，以保护朝鲜民主主义人民共和国的政权和社会主义制度、国家及合作社的财产以及宪法赋予人民的权利和人民的生命财产。

第 151 条　检察工作由最高检察院统一领导，各级检察院服从上级检察院和最高检察院。

第 152 条　最高检察院对最高人民会议负责，最高人民会议闭会期间对其常任委员会负责。

第 153 条　审判由最高法院、道（直辖市）法院、人民法院和特别法院进行。

判决以朝鲜民主主义人民共和国的名义宣布。

第 156 条 法院执行下列任务：

一、通过审判活动，保护朝鲜民主主义人民共和国的政权和社会主义制度、国家及合作社的财产以及宪法赋予人民的权利与人民的生命财产；

二、监督所有机关、企业、团体和公民严格遵守国家法律，同阶级敌人和一切违法分子进行积极的斗争；

三、实施对财产纠纷的判决和裁定，进行公证工作。

第 157 条 审判由 1 名审判员和 2 名人民陪审员组成的法庭进行，在特别情况下，可以由 3 名审判员组成法庭。

第 158 条 审判公开进行，保障被告人的辩护权。

审判可以依法不公开进行。

第 160 条 法院独立进行审判，依据法律进行审判活动。

第 161 条 最高法院是朝鲜民主主义人民共和国的最高审判机关。

最高法院监督所有法院的审判工作。

Ⅱ．朝鲜民主主义人民共和国海关法（节选）

朝鲜民主主义
人民共和国海关法（节选）

（1983年10月14日最高人民会议常设会议以决定第7号通过；1987年2月26日最高人民会议常设会议以决定第1号修正、补充；1990年5月17日最高人民会议常设会议以决定第24号修正、补充；1993年11月17日最高人民会议常设会议以决定第41号修正、补充；1999年1月28日最高人民会议常任委员会以政令第382号修正、补充；2001年7月26日最高人民会议常任委员会以政令第2468号修正、补充）

第一章　海关法的基本规定

第4条　国家对鼓励进出口的物资免征或者减征关税，对限制进出口的物资，从高适用关税。

第7条　本法适用于管理进出境货物和运输工具的机关、企业、团体和公民。

外国、国际组织驻我国代表机构以及通过我国国境的外国公民，适用本法。

特殊经济区的海关业务秩序，另行规定。

第二章　海关手续

第 8 条　海关手续由输入、输出货物和运输工具的机关、企业、团体和公民办理。

有关机关、企业、团体和公民应当向海关递交海关手续所需的文件。

第 9 条　进出境公民到达国境口岸、贸易港、国际机场后，应当就携带的行李、现金、有价证券、邮寄物品向海关如实申报。

第三章　海关检查

第 13 条　海关应当检查进出境的货物、国际邮件、公民携带的物品和运输工具。

未经海关检查的货物、国际邮件、公民携带的物品和运输工具，不许进境或者出境。

第 25 条　机关、企业、团体和公民不许在进出境的信件、印刷品里夹带现金、有价证券或者其他东西；在邮包里，也不许夹带信件或者现金。

第四章　关　　税

第 31 条　海关应当正确征收关税，并掌握控制其缴纳情况。

必要时，海关可以调查机关、企业、团体的与关税缴纳有关的文件。

第 32 条　机关、企业、团体运进的物资，以国境到达价格征收关税；运出的物资，以国境交付价格征收关税；国际邮件和公民输入、输出的物资，以零售价格征收关税。

关税率由内阁确定。

第五章　制裁和申诉

第 49 条　违反海关法规的进出境货物、国际邮件、公民携带的物品和运输工具，可以扣留或者没收。情节严重的，对责任人员追究行政或者刑事责任。

Ⅲ. 朝鲜民主主义人民共和国环境保护法（节选）

朝鲜民主主义
人民共和国环境保护法（节选）

（1986年4月9日最高人民会议以法令第5号通过；1999年3月4日最高人民会议常任委员会以政令第488号修正、补充；2000年7月24日最高人民会议常任委员会以政令第1676号修正）

第一章　环境保护的基本规定

第9条　本法对防止大气、水、土壤、海洋的污染以及噪声、振动、地面沉降、恶臭等环境破坏现象，创造更好环境之保护原则和秩序作规定。

就环境保护工作的秩序，本法未作规定的，依照有关法规执行。

第二章　自然环境的保存和形成

第13条　机关、企业、团体和公司不得滥伐城市和乡村、公路和铁路周围、湖泊和河川周围的风景林，或者损伤、破坏名胜和滨海松林、海滨浴场、奇岩绝壁、优雅奇妙的山势、风景优美的岛屿等自然风景。

第 14 条 机关、企业、团体和公民在名胜、旅游地、休养地内，不得有开发煤矿、矿山或者修建可能阻碍环境保护的建筑物、设施等行为，应当保存洞穴、瀑布、旧城址等天然纪念物和名胜古迹的原状。

第 15 条 机关、企业、团体开采地下资源或者进行地下工程建设的，应当事先采取措施，以免地面沉降而造成环境破坏。

由于地面沉降有可能受到损害的地方，不得抽取、使用地下水。

第 16 条 机关、企业、团体和公民不得有破坏野生动物和水下生物的栖息环境或者乱采摘珍贵稀有植物而改变生物界的平衡等行为。

凡是由国家规定保护和繁殖的动植物，未经国土环境保护机关许可，不许捕捉或采摘。

第三章 防治环境污染

第 19 条 预防环境污染是消除公害现象的先决条件。

机关、企业、团体应当严格遵守环境保护限定标准、污染物排放标准、噪音和振动标准等环境保护标准。

制定环境保护标准的工作，由内阁负责。

第 20 条 有关机关、企业、团体应当在建筑物和设施安装吸气器、吸尘器、空气滤清器，防止瓦斯、尘土、臭气的漏出，并有计划地维修炉、罐、管道等设施。

未经技术检验的锅炉，不得使用。

第 21 条 超过排放标准排放有害瓦斯的运输器材和搬运未包装物资而卷起尘土或者被污染的运输工具不得行驶；超过规定

标准，产生噪音和振动的机械设备，不许运转。

人民保安机关应当严格进行对运输工具的技术检查和运行监督，对超过排放标准排放有害瓦斯的运输工具应责令其停止行驶。

第 22 条 因特殊气象现象的影响，已排放的瓦斯、尘土等可能严重污染大气时，国土环境保护机关和有关机关、企业、团体应当调整或者停止有关设备的运转和运输工具的行驶。如果发生特殊的气象现象，气象水文机关应当通报国土环境保护机关和有关机关。

第 23 条 城市经营机关和有关机关、企业、团体应当配备垃圾处理设施，及时处理树叶和垃圾，禁止在城市居民区和主要公路周围焚烧树叶和垃圾。

垃圾处理场所里堆积的垃圾应当及时搬出。

第 24 条 有关机关、企业、团体应当修建净化设施，排放经净化的废水，防止未净化的废水流入大海、河川、湖泊、水库等。

第 25 条 城市经营机关和有关机关、企业、团体应当定期维修、保养上水道设施，严格进行饮水的过滤、消毒，将达到水质标准的饮水供给居民。

取水点、水库和排水口周围不得修建工厂、企业、建筑物和其他设施，不许施放除草剂、杀虫剂等有害化学物质。

第 26 条 航行或者停泊在共和国的领海、经济水域、港湾、浦口、闸门、河川、湖泊、水库的船舶不得遗弃和倾倒油类、废水、垃圾等。

资源开采机关和有关机关、企业、团体开采海洋资源或者修建海岸工程的，不得污染海洋环境。

第 27 条　经营船舶的机关、企业、团体应当按照船舶的吨位，正确安装污染防治设备。

海事监督机关进行船舶检查的，必须严格检查是否具备污染防治设备。

第 28 条　经营和管理港口、浦门、闸门、码头的机关、企业、团体应当兴建废水和垃圾处理设施，及时处理船舶排放的废水和垃圾。

遗漏在海洋和河川中的油类和垃圾必须加以净化或者清理干净。

第 29 条　有关机关、企业、团体应当将废水净化场所或者垃圾、工业废料处理场修建于不会污染海洋、河川、湖泊、水库和饮水来源之地。

兴建剥离场、矸石场、堆煤场、煤灰和炉渣处理场，不得污染周围环境；这些场地使用完毕后，应当覆盖泥土，种树或者作为耕地使用。

第 30 条　可能污染大气、水质、土壤或者有害人体的、国家禁止生产的农药不得生产和引进。

农药的毒性检查，由卫生防疫机关负责。

第 31 条　农业指导机关和有关机关、企业、团体应当按照规定保管和利用农药，防止农药飘散在大气中或者流入海洋、河川、湖泊、水库等，并积累于土壤里。

用飞机喷洒农药的，必须报国土环境保护机关批准。

第 32 条　生产或者接触放射性物质的机关、企业应当配备放射性气体、尘土、废水、废料的过滤、净化设施，并将放射性浓度降低到排放标准以下。

接触外露的放射性物质的机关、企业必须经常监测周围环境的放射性沾染状况，并采取相应的措施。

第 33 条 有关机关、企业、团体生产、供应、搬运、保管、使用、废弃放射性物质的，应当经放射性监督机关或者人民保安机关许可。

放射性监督机关应当对存在隐患的环境污染因素进行经常性调查，并采取相应的措施。

第 34 条 对环境保护和人民的健康可能有消极影响的被污染食品、药品、生活用品、动物饲料之类，禁止运进我国境内。

机关、企业、团体和公民运进食品、药品、生活用品、动物饲料之类的，应当接受有关机关的检疫。

第 35 条 可能排放有害物质或者产生噪音、振动而严重破坏环境的废弃物、设备、技术，禁止运进我国或者引入生产。

第 36 条 机关、企业、团体应当经常监测和系统地降低生产过程中产生的有害物质的排放量、浓度以及噪音、振动的强度。

未经国土环境保护机关许可或者超过规定的极限标准的有害物质，禁止排放。

第 37 条 国土环境保护机关、地方政权机关和有关机关应当将造成公害的工厂、企业迁移到市外，将货物运输公路和铁路转移到居民区外或者铺设在地下，并将受到污染危害的住宅迁移到生活环境较好的地区。

城市中心里禁止建设可能造成公害或者货运量较多的工厂和企业，禁止使用未配备公害防治设施的建筑物和设施。

第四章 对环境保护工作的指导管理

第 47 条 因破坏环境而对人民的健康和国家、社会合作团体、公民的财产造成损失的，应当承担损失赔偿责任。

第 48 条　外国船舶或者公民在我国境内进行环境破坏行为的，拘押相关船舶、公民或者责令赔偿损失，并处以罚款。

第 49 条　对违反环境保护秩序进行项目建设或者经营工厂、使用运输工具的，责令停止或者撤出有关建筑物、设施，没收被用于违法行为的物资和资金，责令复原被破坏的环境。

第 50 条　对违反本法，给环境保护工作造成严重后果的机关、企业、团体的责任人员和个别公民，根据情节追究行政或者刑事责任。

Ⅳ. 朝鲜民主主义人民共和国外汇管理法（节选）

朝鲜民主主义人民共和国外汇管理法（节选）

（1993年1月31日最高人民会议常设会议以决定第27号通过；1999年2月26日最高人民会议常任委员会以政令第484号修正、补充；2002年2月21日最高人民会议常任委员会以政令第2852号修正、补充）

第一章　外汇管理法的基本规定

第2条　外汇包括可兑换的外币、国家债券和公司债券等外汇有价证券。

票据、支票、转让性存款证书等外汇支付手段、非装饰品的金、银、铂金、在国际金融市场流通的金币、银币和贵重金属也属于外汇。

第3条　统一管理外汇是外汇管理的重要原则。

国家应当使中央财政指导机关统一控制和管理外汇。

第4条　在朝鲜民主主义人民共和国由贸易银行进行外汇业务。

经中央财政指导机关批准，其他银行也可以进行外汇业务。

第6条　外汇的买卖、储款、存款和抵押，只许通过负责外汇业务的银行进行。

负责外汇业务的银行，在中央财政指导机关批准的范围内，进行外汇业务。

第二章　外汇的收入和使用

第11条　中央财政指导机关应当根据国家计划机关下达的外汇收入、支出计划，给有关机关、企业、团体制定义务性国家外汇缴纳率。

机关、企业、团体应当在贸易银行开立账户，并及时存入获得的外汇。

第14条　机关、企业、团体应当及时完成外汇收入计划，优先缴纳义务性国家缴纳金。

第15条　公民只许在中央财政指导机关规定的范围内拥有合法获得的外汇。

外汇超过上述范围的，应当向进行外汇业务的共和国银行出售或者存入相关账户。

第19条　机关、企业、团体的外汇，只许用于指定的指标和项目。

外汇用于未指定的指标和项目的，须经中央财政指导机关批准。

第20条　机关、企业、团体可以将超过外汇收入计划的款额自行使用。但必须用于指定的指标和项目。

第21条　从事外汇业务的银行必须保守外汇储款和存款有关的秘密，并计算支付相应的利息。

银行应当及时向储款人、存款人发放其要求的外汇。

第 22 条 进行外汇业务的共和国银行可以向机关、企业、团体和外国投资企业贷款外汇。此时，应当制定外汇贷款计划，经中央财政指导机关协议后，得到内阁批准。

第 23 条 机关、企业、团体可以向外国或者国际组织筹借经营管理所需的外汇。此时，应当经中央财政指导机关协议后，得到内阁批准。

第 24 条 机关、企业、团体发行外汇有价证券的，应当报有关机关批准。

第三章 外汇的输出和输入

第 25 条 外汇现金、外汇有价证券和贵重金属，可以无限额地输入我国。此时，不需缴纳手续费或者关税。

第 26 条 外汇现金，只许在银行发行的外汇兑换证件或者入境时在海关申报单上注明的款额范围内，向共和国境外输出。

第 27 条 外汇有价证券，只许经中央财政指导机关批准向共和国境外输出。入境时向海关申报的外汇有价证券，可以不经批准向共和国境外输出。

第 28 条 贵重金属必须经中央银行批准，方可向共和国境外输出。

入境时输入的贵重金属，可以在向海关申报的范围内，向共和国境外输出。

第 29 条 外国投资者通过经营企业获得的利润和其他收入，可以免税汇往共和国境外。

投资财产可以免税向共和国境外转移。

第 30 条 在外国投资企业工作的外国人，可以将工资和其他合法获得外汇的 60%，向共和国境外汇款或者携带出境。

第四章　对外汇管理工作的指导与管理

第 38 条　未及时、正确缴纳义务性国家外汇缴纳金的，须征收滞纳金。

第 39 条　因未及时发放储款人、存款人要求的外汇而造成损失的，责令赔偿相应的损失。

第 40 条　未在规定的期限内存入或者向其他银行存入外汇的，处以罚款。

第 41 条　非法交易或者向共和国境外非法转移的外汇和有关物件，予以没收。

第 42 条　对违反本法，在外汇管理方面造成严重后果的机关、企业、团体的负有责任的人员和个别公民，根据情节追究行政或者刑事责任。

V. 朝鲜民主主义人民共和国保险法（节选）

朝鲜民主主义人民共和国保险法（节选）

（1995年4月6日最高人民会议常设会议以决定第58号通过；1999年2月4日最高人民会议常任委员会以政令第383号修正；2002年5月16日最高人民会议常任委员会以政令第3038号修正）

第六章　对保险工作的指导监督以及纠纷解决

第69条　保险公司有下列情形之一的，处以罚款或者停业：

（一）未经批准设立保险公司或者未取得营业许可证办理保险业务的；

（二）未经批准适用保险合同标准条件和保险费率或者调整业务范围的；

（三）未如实制订或者伪造财政状况表、损益表的；

（四）无正当理由未给付或者少给付保险赔偿金的；

（五）未经批准变更公司名称、章程、注册资金、营业场所的；

（六）未积蓄保险基金或者未经批准挪用的；

（七）未经批准分立或者合并的；

（八）以无行为能力人（儿童除外）为标的投保人身保险的。

第 70 条　投保人或者保险受益人有下列情形之一的，处以罚款：

（一）故意制造保险事故，骗取保险金的；

（二）虚报保险事故，骗取保险金的；

（三）伪造文件，超额骗取保险金的。

第 71 条　保险公司的个别工作人员有下列情形之一的，处以罚款：

（一）滥用职权，使无保险利益或者正当理由的人办理保险赔偿申请手续后，获得保险金赔偿的；

（二）欺骗投保人或者保险受益人的；

（三）助长投保人或者保险受益人的违法行为或者与其共谋违法行为的。

第 72 条　保险代理人、保险经纪人欺骗保险人或者投保人、保险受益人的，处以罚款或者责令停业。

第 73 条　违反本法造成严重后果的，根据情节追究刑事责任。

Ⅵ. 朝鲜民主主义人民共和国和中华人民共和国关于民事和刑事司法协助的条约

朝鲜民主主义人民共和国和中华人民共和国关于民事和刑事司法协助的条约

朝鲜民主主义人民共和国和中华人民共和国（以下简称“缔约双方”），在相互尊重主权和平等互利的基础上，为深入发展两国友好关系，加强司法领域的合作，达成协议如下：

第一章　总　　则

第1条　司法保护

一、缔约一方公民在缔约另一方境内，在人身和财产权利方面与缔约另一方公民享有同等的司法保护。

二、缔约一方公民在缔约另一方境内，可在与缔约另一方公民同等的条件下，自由地诉诸缔约另一方法院，或者向有权处理民事及刑事案件的其他机关提出请求。

三、本条第 1 款、第 2 款的规定亦适用于位于缔约一方境内并依该方法律成立的法人。

第 2 条　司法协助的联系途径

一、除本条约另有规定外，缔约双方的法院及有权处理民事和刑事案件的其他机关应当通过缔约双方的中央机关相互进行司法协助。

二、第 1 款所指的中央机关，在朝鲜民主主义人民共和国方面为最高法院和最高检察院。在中华人民共和国方面为最高人民法院、最高人民检察院和司法部。

第 3 条　司法协助的范围

本条约规定的司法协助包括：

（一）在民事和刑事方面送达司法文书；

（二）在民事方面的询问和其他调查取证，以及在刑事方面的讯问和其他调查取证；

（三）承认与执行法院裁决；

（四）本条约规定的其他司法协助。

第 4 条　诉讼费用的减免和法律援助

一、缔约一方公民在缔约另一方境内，可以在与缔约另一方公民同等的条件下和范围内获得诉讼费用减免和法律援助。

二、申请获得第 1 款规定的诉讼费用减免和法律援助，应当由申请人住所或者居所所在地的缔约一方主管机关出具关于该人财产状况的证明。如果申请人在缔约双方境内均无住所和居所的，可以由该人国籍所属缔约一方的外交或者领事机关出具或者确认有关该事项的证明。

三、负责对诉讼费用减免和法律援助申请作出决定的司法机关或者其他主管机关可以要求提供补充材料。

第 5 条　司法协助费用的负担

一、被请求的缔约一方承担在本国境内提供司法协助时所产生的一切费用。

二、请求的缔约一方应当负担下列费用：

（一）有关人员按照本条约第 8 条的规定，前往、停留和离开请求的缔约一方的费用和津贴；

（二）鉴定人的费用和报酬。

第 6 条　司法协助适用的法律

被请求提供司法协助的机关在提供司法协助时应当适用各自的本国法。在与本国法律不相抵触的情况下，被请求机关亦可按照请求机关请求的方式执行。

第 7 条　语　　言

一、缔约双方的中央机关进行书面联系时，应当使用本国官方文字，并附缔约对方文字的译文。

二、司法协助请求书及其所附文件，应当使用请求的缔约一方的文字，并附被请求的缔约一方文字的译文。

第 8 条　证人、鉴定人出庭及其保护

一、缔约一方应当根据缔约另一方的请求，邀请证人、鉴定人前往缔约另一方境内出庭作证。缔约另一方在请求书中应当说明需向该人支付的津贴、费用的范围和标准。缔约一方应当将该人的答复迅速通知缔约另一方。

二、根据本条第 1 款提出的请求，应当在不迟于预定的出庭日 60 日前递交给被请求的缔约一方。

三、请求的缔约一方对于到达其境内的证人或者鉴定人，不得因该人在入境前的任何作为或者不作为而予以起诉、羁押、处罚或者采取其他限制人身自由的措施，也不得要求该人在请求所未涉及的任何其他诉讼程序中作证。

四、如果上述人员在被正式通知无须继续停留后 15 日内未离开请求的缔约一方，或者离开后又自愿返回，则不再适用本条第 3 款。但该期限不包括该人因本人无法控制的原因而未离开请求的缔约一方领土的期间。

五、对于拒绝接受根据本条第 1 款提出的邀请的人员，不得因此种拒绝而施加任何刑罚或者采取任何限制其人身自由的强制措施。

第 9 条　司法协助的拒绝

被请求的缔约一方如果认为提供司法协助将有损本国的主权、安全或者重大公共利益，或者违反其法律的基本原则，或者请求的事项超出本国司法机关的主管范围，可以拒绝提供司法协助，并应当说明拒绝理由。

第 10 条　交换法律资料

缔约双方应当根据请求，相互交换本条约涉及领域的本国现行法律或者司法实践的资料。

第 11 条　认证的免除

为适用本条约的目的，由缔约双方法院或者其他主管机关制作或者证明，并且通过第 2 条规定的联系途径转递的文件，免除任何形式的认证。

第二章　民事方面的文书送达和调查取证

第 12 条　协助范围

缔约双方应当根据请求，在民事案件中相互代为送达司法文书，询问当事人、证人和鉴定人，进行鉴定和司法勘验，以及采取任何与调查取证有关的其他措施。如果取证并非为了已经开始或者预期开始的司法程序，则不属于本条约适用范围。

第 13 条　请求的内容和格式

送达司法文书和调查取证的请求应当以请求书的形式提出。请求书应当由请求机关签署或者盖章，并包括下列内容：

（一）请求机关的名称和地址；

（二）可能时，被请求机关的名称；

（三）请求所涉及人员的姓名、国籍以及地址；如果系法人，法人的名称和地址；

（四）必要时，当事人代理人的姓名和地址；

（五）请求所涉及的诉讼的性质和案情摘要；

（六）请求的事项；

（七）执行请求所需的其他材料。

第 14 条　请求的执行

一、被请求的缔约一方应当根据本国法律规定的方式执行送达司法文书和调查取证的请求。

二、被请求机关如果无权执行请求，应当将该项请求移送有权执行的主管机关，以便执行。

三、被请求的缔约一方如果认为请求的缔约一方提供的材料不足以使其根据本条约的规定处理该请求，可以要求请求的缔约一方在 90 日内提供补充材料。如果在上述期限内未能提供补充材料或者因为其他原因无法执行请求，被请求的缔约一方应当将请求书以及所附文件退回请求的缔约一方，并说明妨碍执行的原因。

第 15 条　通知执行结果

一、被请求的缔约一方应当根据请求，通过本条约第 2 条规定的联系途径，将执行请求的结果书面通知请求机关。

二、送达文书应当根据被请求的缔约一方的送达规则予以证明。送达证明应当注明受送达人的姓名、身份、送达日期和地点以及送达方式。如果受送达人拒收，应当注明拒收的原因。

第 16 条　通过外交或者领事代表机关送达文书和调查取证

缔约一方可以通过本国派驻缔约另一方的外交或者领事代表机关向在该缔约另一方领域内的本国公民送达司法文书和调查取证，但应当遵守该缔约另一方法律，并且不得采取任何强制措施。

第三章　法院裁决的承认与执行

第 17 条　法院裁决的承认与执行的范围

一、缔约一方应当根据本条约规定的条件，在其境内承认与执行本条约生效后缔约另一方的下列裁决：

（一）法院在民事商事案件中作出的裁决；

（二）法院在刑事案件中作出的有关损害赔偿的裁决。

二、本条约所指的“裁决”亦包括法院制作的调解书。

第 18 条　请求的提出

承认与执行法院裁决的请求，可以由当事人直接向有权承认与执行该裁决的法院提出，亦可以由缔约一方法院通过本条约第 2 条规定的联系途径向缔约另一方有权承认与执行该裁决的法院提出。

第 19 条　请求应当附的文件

承认与执行裁决的请求，应当附下列文件：

（一）经证明无误的裁决书的副本；

（二）证明裁决是最终的和可以执行的文件；

（三）已向被缺席审判的当事人送达的经核实无误的传票的副本；

（四）证明无诉讼行为能力的人已得到合法代理的文件；

（五）上述法院裁决和文件的经证明无误的被请求的缔约一方文字的译文。

第 20 条　裁决承认与执行的程序

一、缔约双方应当依照各自本国法律规定的程序承认与执行法院裁决。

二、被请求的缔约一方的法院可以审核请求承认与执行的法院裁决是否符合本条约的规定，但不得对该裁决作任何实质性审查。

第 21 条　裁决承认与执行的拒绝

法院裁决除可以根据本条约第 9 条的规定拒绝承认与执行外，有下列情形之一的，也可以拒绝承认与执行：

（一）根据作出裁决的缔约一方的法律，该裁决不是最终的或者不具有执行效力；

（二）根据被请求的缔约一方的法律，裁决是由无管辖权的法院作出的；

（三）根据作出裁决的缔约一方的法律，在缺席判决的情况下，败诉一方当事人未经合法传唤，或者在当事人无诉讼行为能力时没有得到合法代理；

（四）被请求的缔约一方法院对于相同当事人之间就同一标的的案件正在进行审理或者已经作出了最终裁决，或者已承认与执行了第三国对该案件作出的最终裁决。

第 22 条　承认与执行的效力

被承认与执行的裁决在被请求的缔约一方境内应当与被请求

缔约一方法院作出的裁决具有相同的效力。

第四章　刑事司法协助

第 23 条　协助范围

一、缔约双方应当根据请求，在刑事方面相互代为送达诉讼文书，向证人、被害人和鉴定人调查取证，讯问犯罪嫌疑人和被告人，进行鉴定、司法勘验以及完成其他与调查取证有关的司法行为，安排证人或者鉴定人出庭，通报刑事诉讼结果。

二、缔约一方应当根据请求，依据本国法律，对涉嫌在缔约另一方境内犯罪的本国公民提起刑事诉讼。

第 24 条　刑事司法协助的拒绝

一、除可根据本条约第 9 条拒绝提供司法协助外，有下列情形之一的，被请求的缔约一方亦可拒绝提供刑事司法协助：

（一）请求涉及的行为根据被请求的缔约一方法律不构成犯罪；

（二）被请求的缔约一方正在对请求所涉及的同一犯罪嫌疑人或者被告人就同一犯罪进行刑事诉讼，或者已经终止刑事诉讼，或者已经作出最终判决。

二、被请求的缔约一方应当将拒绝的理由通知请求的缔约一方。

第 25 条　送达文书和调查取证

一、本条约第二章第 13 条、第 14 条和第 15 条的规定亦适用于在刑事案件中送达文书和调查取证。

二、在刑事案件中送达文书和调查取证的请求书除须符合本条约第 13 条的规定外，还应当包括犯罪行为的描述以及据以认定该行为构成犯罪的有关法律规定。

第 26 条　证据的查询、搜查、扣押和移交

一、被请求的缔约一方应当在本国法律允许的范围内，执行查询、搜查、扣押和冻结作为证据的财物的请求。

二、被请求的缔约一方应当向请求的缔约一方提供其所要求的有关执行上述请求的结果，包括查询或者搜查的结果，扣押或者冻结的地点和状况以及有关财物随后被监管的情况。

三、如果请求的缔约一方同意被请求的缔约一方就移交所提出的条件，被请求的缔约一方可以将被扣押财物移交给请求的缔约一方。

第 27 条　犯罪所得的没收和移交

一、请求的缔约一方应当在请求中说明犯罪所得可能位于被请求的缔约一方境内的理由，被请求的缔约一方应当据此努力确定犯罪所得是否位于其境内，并且应当将调查结果通知请求的缔约一方。

二、如果根据本条第 1 款，犯罪所得已被找到，被请求的缔约一方应当根据请求，按照本国法律采取措施予以冻结、扣押或者没收。

三、在本国法律允许的范围内及缔约双方商定的条件下，缔约一方可以根据缔约另一方的请求，将上述的犯罪所得的全部或者部分或者将其出售后所得资金移交给缔约另一方。

四、在适用本条时，被请求的缔约一方和第三人对这些财物的合法权利应当依被请求的缔约一方法律受到尊重。

第 28 条　通报刑事诉讼结果

一、缔约一方应当根据请求，向缔约另一方通报依照本条约第 23 条第 2 款提起的刑事诉讼的结果。

二、缔约一方应当根据请求，向缔约另一方通报其对该缔约另一方公民提起的刑事诉讼的结果。

第五章　最后条款

第 29 条　争议的解决

因解释或者实施本条约所产生的任何分歧，如果缔约双方中央机关不能达成协议，应当通过外交途径协商解决。

第 30 条　生效和修正

一、本条约须经批准，批准书在平壤互换。本条约自互换批准书之日后第 30 日生效。

二、本条约经缔约双方书面协议，可以随时予以修正。

第 31 条　条约的有效期

一、本条约自生效之日起 5 年内有效。

二、如果缔约任何一方未在 5 年有效期届满前 6 个月通过外交途径通知缔约另一方终止本条约，本条约在随后的 5 年内继续有效。

三、缔约任何一方根据本条第 2 款终止本条约，应当以书面方式通知缔约另一方。终止自通知发出之日起第 180 日生效。

本条约于 2003 年 11 月 19 日在北京签订，一式两份，每份均以朝鲜文和中文制成，两种文本同等作准。

朝鲜民主主义人民共和国代表　金秉律（**签字**）

中华人民共和国代表　张福森（**签字**）

Ⅶ. 中朝刑法总则之比较研究

中国和朝鲜的刑法立法都曾经深受前苏联的影响，在许多方面具有相似之处，但也在不少方面具有差异性。下文对中朝两国刑法立法的有关问题作一简要的比较研究。

（一）刑法体系

中朝两国刑法的相似之处在于：（1）都将刑法的内容分为一般性规定和具体犯罪两大部分。（2）分则类罪名的排列顺序都体现了国家本位、社会本位的价值观念。中国刑法将危害国家安全罪、危害公共安全罪放在最重要的位置，侵犯公民人身权利、民主权利罪放到破坏社会主义市场经济秩序罪之后。朝鲜刑法分则规定了七类犯罪，将侵害公民个人的人身财产权利的犯罪放在分则最后，将危害国家安全、民族自主、国家管理秩序等犯罪置于重要位置。不同之处在于，总则和分则在体例上是否明显分开。中国刑法以第一编和第二编非常明显地在体例上将总则和分则加以区分，分则重新依次按章排列。而现行的朝鲜刑法典虽然从实质上还区分总则与分则，但从体例上已不再作明显的区分，即不再设编区分总则与分则，而是将所有的章统一依次排列。

（二）刑法的基本原则

中国在刑法第3条、第4条和第5条依次规定了罪刑法定原则、适用刑法人人平等原则、罪责刑相适应原则这三大刑法基本原则。而朝鲜刑法典第2条至第7条规定了6大刑法基本原则：（1）以教育改造为主，配合以相关的法律制裁原则。这是对犯罪分子进行处理的基本原则。（2）对犯罪的防患于未然原则。（3）对实施背叛祖国和民族行为的悔悟者从宽处理原则。（4）自首从宽处理原则。(5) 只对刑法规定的行为承担刑事责任的原则，这也可以称之为朝鲜刑法典中的罪刑法定原则。中国刑法第3条规定：“法律明文规定为犯罪行为的，依照法律定罪处刑；法律没有明文规定为犯罪行为的，不得定罪处刑。”朝鲜刑法典第6条规定：“只对国家刑法中规定为犯罪的行为承担刑事责任。”两国规定的共同不足在于未指明是“行为时的（法律）刑法”。需要指出的是，中朝两国的刑法中都曾经规定有类推制度。中国1979年刑法第79条规定：“本法分则没有明文规定的犯罪，可以比照本法分则最相类似的条文定罪判刑，但是应当报请最高人民法院核准。”1950年的朝鲜刑法典第9条规定：“某种犯罪行为，如果是本法没有明文规定的，按其犯罪的严重性与种类，依照本法中最相类似的条款，来决定其刑事责任的根据、范围和刑罚。”(6) 量刑兼顾危害程度与悔改程度原则。

（三）刑事管辖权体制

中国刑法采取以属地管辖为基础，以属人管辖、保护管辖、普遍管辖为补充的刑事管辖权体制，以此确定刑法的空间效力。朝鲜刑法典兼采属人原则、属地原则与保护原则确立自己的刑事管辖权体制。二者在此问题上的相似之处在于：(1) 都规定对享有外交特权的外国人在本国领域内的犯罪不适用本国刑法。中国刑法第6条第1款规定：“凡在中华人民共和国领域内犯罪的，除法律有特别规定的以外，都适用本法。”刑法理论上都认为，该款中的“法律有特别规定”就包括有外交特权的人在中国领域内的犯罪。中国刑法第11条规定：“享有外交特权和豁免权的外国人的刑事责任，通过外交途径解决。”朝鲜刑法典第8条第2款规定：“本法也适用于在共和国领域内犯罪的外国人。但是对于享有外交特权的外国人的刑事责任，随时依照外交办法来解决。”（2）都规定了属人管辖和保护管辖，将本国的管辖权往境外作必要的延伸。在此问题上的主要区别在于：（1）属地管辖上的区别。中国刑法对浮动领域（航空器和船舶）上发生的犯罪的管辖和隔地犯（犯罪行为与犯罪结果发生在不同的国家）的管辖问题做出了规定，而朝鲜刑法典未对此作出明确的规定。（2）属人管辖的区别。中国刑法的属人管辖区分不同的对象作出了不同的规定，对国家工作人员和军人采取完全的属人管辖，对于其他一般公民则采取有限的属人管辖，即从法定刑上作出了一定的限制，中国刑法第 7 条第 1 款规定：“中华人民共和国公民在中华人民共和国领域外犯本法规定之罪的，适用本法，但是按本法规定的最高刑为 3 年以下有期徒刑的，可以不予追究。”而朝鲜刑法典则采取完全的属人管辖，朝鲜刑法典第 8 条第 1 款规定：“本法适用于共和国公民。也适用于在共和国领域外实施犯罪的共和国公民。”（3）保护管辖的区别。中国刑法第 8 条规定：“外国人在中华人民共和国领域外对中华人民共和国国家或者公民犯罪，而按本法规定的最低刑为 3 年以上有期徒刑的，可以适用本法，但是按照犯罪地的法律不受处罚的除外。”由此可见，中国刑法采取有限的保护管辖，具体而言受到两重限制：一是法定最低刑限制；二是双重犯罪限制。而朝鲜刑法典则采取完全的保护管辖，朝鲜刑法典第 8 条第 3 款规定：“对于在其他国家反对共和国或者侵害共和国公民的外国人也适用本法。”（4）普遍管辖的不同。中国刑法第 9 条规定：“对于中华人民共和国缔结或者参加的国际条约所规定的罪行，中华人民共和国在所承担条约义务的范围内行使刑事管辖权的，适用本法。”朝鲜刑法典未对此作出明确规定。

（四）刑法的溯及力

中国刑法第 12 条规定：“中华人民共和国成立以后本法施行

以前的行为，如果当时的法律不认为是犯罪的，适用当时的法律；如果当时的法律认为是犯罪的，依照本法总则第四章第八节的规定应当追诉的，按照当时的法律追究刑事责任，但是如果本法不认为是犯罪或者处刑较轻的，适用本法。”这是关于刑法溯及力的规定，明确地宣示我国刑法奉行从旧兼从轻原则。但朝鲜刑法典未对此问题作出规定。

（五）犯罪概念

各国刑法立法和理论上在犯罪概念的问题上存在实质概念、形式概念和混合概念之争。中国刑法在立法上规定了犯罪概念，中国刑法第 13 条规定：“一切危害国家主权、领土完整和安全，分裂国家、颠覆人民民主专政的政权和推翻社会主义制度，破坏社会秩序和经济秩序，侵犯国有财产或者劳动群众集体所有的财产，侵犯公民私人所有的财产，侵犯公民的人身权利、民主权利和其他权利，以及其他危害社会的行为，依照法律应当受刑罚处罚的，都是犯罪，但是情节显著轻微危害不大的，不认为是犯罪。”我国学者都认为我国的这一规定采取的是混合概念，朝鲜刑法典也采取了混合概念。朝鲜刑法典第 10 条规定：“犯罪是指故意或者过失侵害国家主权、社会主义制度和法律秩序，应受刑罚处罚的危险行为。”其中的“侵害国家主权、社会主义制度和法律秩序”是从实质层面揭示犯罪的本质特征，“应受刑罚处罚”则从形式层面揭示了犯罪的法律特征。此外，朝鲜刑法典还从反面规定了不承担刑事责任的一般条件。朝鲜刑法典第 14 条规定：“虽然实施了刑法中所规定的犯罪行为，但没有造成社会危害，或者后果显著轻微，并且没有从重情节的，不承担刑事责任。”这类似于中国刑法中第 13 条犯罪概念规定中后段的但书。朝鲜刑法典与中国刑法不同的是，将二者规定在不同的条文中。

（六）责任主义原则

中国刑法和朝鲜刑法典都采取责任主义原则，反对客观归罪的做法。中国刑法先在第 14 条和第 15 条正面规定了犯罪故意与犯罪过失的概念，宣示了责任主义的立场，然后在第 16 条又从反面予以强调："行为在客观上虽然造成了损害结果，但是不是出于故意或者过失，而是由于不能抗拒或者不能预见的原因所引起的，不是犯罪。"朝鲜刑法典第 10 条规定："犯罪是指故意或者过失侵害国家主权、社会主义制度和法律秩序，应受刑罚处罚的危险行为。"这也宣示了责任主义原则，但朝鲜刑法典未对犯罪故意与犯罪过失的概念作出规定。

（七）单位犯罪

近代以来的中国刑法立法也长期否定法人犯罪，1979 年刑法就未规定单位犯罪。我国单位犯罪刑法立法的沿革过程可以称之为三部曲：（1）附属刑法阶段。1987 年《海关法》第 47 条第 4 款以附属刑法的形式第一次在中国规定了单位可以成为走私罪的犯罪主体。（2）单行刑法阶段。1988 年 1 月 21 日通过的《关于惩治贪污贿赂罪的补充规定》和《关于惩治走私罪的补充规定》这两个单行刑法中分别规定单位可以成为行贿罪、受贿罪、走私罪、投机倒把罪、逃汇套汇罪的犯罪主体。这是我国第一次在专门的刑事法律中规定单位犯罪。（3）刑法典阶段。1997 年刑法正式在刑法中规定单位犯罪制度。既在总则中设专节规定了单位犯罪的总则性问题，还在分则中规定了 100 多个单位可以构成的具体罪名。这标志着我国单位犯罪刑法立法体系的初步完成。而朝鲜刑法典则继续奉行传统的立场，只承认自然人可以成为犯罪主体，否认法人（单位）的犯罪主体资格。

（八）刑事责任年龄制度

中国和朝鲜在刑事年龄制度上的相似之处有：（1）都将未成

年规定为法定的从宽处罚情节。中国刑法第 17 条第 3 款规定："已满 14 周岁不满 18 周岁的人犯罪，应当从轻或者减轻处罚。"朝鲜刑法典第 40 条第 4 款明确地规定未成年是从轻处罚情节。（2）都规定对未成年人不得判处死刑。中国刑法第 49 条规定："犯罪的时候不满 18 周岁的人……不适用死刑。"朝鲜刑法典第 29 条第 2 款规定："对于犯罪时不满 18 岁的人不得判处死刑……"不同之处主要在于：中国在最低刑事责任年龄上采取二元标准，即大部分犯罪的最低刑事责任年龄为 16 周岁，第 17 条第 2 款规定的故意杀人、故意伤害致人重伤或者死亡、强奸、抢劫、贩卖毒品、放火、爆炸、投放危险物质这 8 种犯罪的最低刑事责任年龄为 14 周岁。而朝鲜在刑事责任年龄制度上采取一元标准，因而就不存在相对刑事责任年龄阶段。朝鲜刑法典第 11 条规定："只有年满 14 岁以上的人实施犯罪的，才应当负刑事责任。"

（九）精神病人的刑事责任能力

中国和朝鲜在精神病人的刑事责任能力制度上的相似之处有：（1）都规定了精神病人完全无刑事责任能力的情形。中国刑法第 18 条第 1 款前段规定："精神病人在不能辨认或者不能控制自己行为的时候造成危害结果，经法定程序鉴定确认的，不负刑事责任……"朝鲜刑法典第 12 条第 1 款前段规定："因为慢性精神病、一时性精神异常，在对自己的行为不能辨认或不能控制的情况下，实施危害社会的行为的人，不负刑事责任……"（2）在精神病的判断标准上都兼采医学标准与心理学标准。（3）都规定对不负刑事责任的精神病人的处分措施。中国刑法第 18 条第 1 款后段规定："……但是应当责令他的家属或者监护人严加看管和医疗；在必要的时候，由政府强制医疗。"主要区别在于：（1）

中国刑法规定了间歇性精神病人的刑事责任能力和减轻刑事责任能力的精神病人的刑事责任问题，但朝鲜刑法典无此规定。中国刑法第 18 条第 2 款规定："间歇性的精神病人在精神正常的时候犯罪，应当负刑事责任。"第 3 款规定："尚未完全丧失辨认或者控制自己行为能力的精神病人犯罪的，应当负刑事责任，但是可以从轻或者减轻处罚。"（2）朝鲜刑法典规定了"一时性精神异常"可能成为无刑事责任能力的事由，中国刑法上无此规定。（3）朝鲜刑法典对追诉期间陷入精神病状态的犯罪行为人如何处理的问题作出了规定，中国刑法未规定这一问题。朝鲜刑法典第 13 条规定："在正常的精神状态下实施犯罪的人，在侦查、预审、审判时处于精神病状态的情况，适用医疗处分，如果已经恢复正常的则要承担刑事责任。"

（十）醉酒人的刑事责任能力

中朝两国刑法都否定醉酒减轻刑事责任能力的可能性。中国刑法第 18 条第 4 款规定："醉酒的人犯罪，应当负刑事责任。"朝鲜刑法典第 12 条第 2 款规定："对于在醉酒状态中实施犯罪的人，不适用本条的规定（不承担刑事责任——笔者注）。"

（十一）重要生理功能丧失者的刑事责任能力

中国刑法第 19 条规定："又聋又哑的人或者盲人犯罪，可以从轻、减轻或者免除处罚。"而朝鲜刑法典无类似规定。

（十二）正当行为

中国刑法规定了正当防卫和紧急避险 2 种正当行为，朝鲜刑法典中规定了正当防卫、紧急避险、被害人承诺 3 种正当行为。（1）正当防卫。中国刑法第 20 条第 1 款规定："为了使国家、公共利益、本人或者他人的人身、财产和其他权利免受正在进行的不法侵害，而采取的制止不法侵害的行为，对不法侵害人造成损害的，属于正当防卫，不负刑事责任。”第 2 款规定：“正当防卫明显超过必要限度造成重大损害的，应当负刑事责任，但是应当减轻或者免除处罚。”第 3 款规定：“对正在进行行凶、杀人、抢劫、强奸、绑架以及其他严重危及人身安全的暴力犯罪，采取防卫行为，造成不法侵害人伤亡的，不属于防卫过当，不负刑事责任。”朝鲜刑法典第 15 条规定了正当防卫：“虽然实施了刑法中所规定的犯罪行为，但这种行为是为了避免国家、社会利益、他人或者自身的合法利益受到正在进行的不法侵害，而采取的未过度超出防卫程度的行为，不必承担刑事责任。”此外，朝鲜刑法典第 40 条规定，防卫过当是法定的从轻处罚情节。可见，中朝两国刑法在正当防卫的规定上较为类似，只是中国刑法规定了特别防卫，而朝鲜刑法典无类似规定。（2）紧急避险。中国刑法第 21 条第 1 款规定：“为了使国家、公共利益、本人或者他人的人身、财产和其他权利免受正在发生的危险，不得已采取的紧急避险行为，造成损害的，不负刑事责任。”第 2 款规定：“紧急避险超过必要限度造成不应有的损害的，应当负刑事责任，但是应当减轻或者免除处罚。”第 3 款规定：“第 1 款中关于避免本人危险的规定，不适用于职务上、业务上负有特定责任的人。”朝鲜刑法典第 16 条规定了紧急避险：“虽然实施了刑法中所规定的犯罪行为，但如果是为了避免危急事态而别无他法，且所损害的利益比所保护的利益轻的，不承担刑事责任。”此外，朝鲜刑法典第 40 条规定，避险过当是法定的从轻处罚情节。可见，中朝两国刑法在紧急避险的规定上较为类似，只是中国刑法规定了“职务上、业务上负有特定责任的人”不得适用紧急避险作为避免其本人危险行为的正当化事由，而朝鲜刑法典无明确规定。（3）被害人承诺。朝鲜刑法典第 17 条规定：“加害者基于被害者的请求而侵害其人身或财产的，只对其中具有社会危害性的部分承担刑事责任。”我们知道，被害人承诺的一个重要成立条件是，承诺必须在加害行为实施之前或者加害结束之前作出。被害人事后的宽恕不属于被害人承诺，不影响加害人行为的犯罪性质。但朝鲜刑法典对被害人的事后宽恕的法律效力作出了很有特色的规定：首先，刑法典第 18 条第 1 款规定：“以家庭成员、亲属为对象实施犯罪的，被害者或者被害一方要求不追究其法律责任的，可以不承担刑事责任。”其次，也作出了一定的限制，刑法典第 18 条第 2 规定：“对于重故意杀人罪、抢劫罪、强奸罪不适用本条的规定。”中国刑法虽然无类似规定，但在盗窃罪的司法解释等规定中，也体现了这种精神。

（十三）犯罪未完成形态

中国刑法和朝鲜刑法典都规定了犯罪预备、犯罪未遂和犯罪中止 3 种未完成形态。（1）犯罪预备。中国刑法第 22 条第 1 款规定：“为了犯罪，准备工具、制造条件的，是犯罪预备。”第 2 款规定：“对于预备犯，可以比照既遂犯从轻、减轻处罚或者免除处罚。”朝鲜刑法典第 19 条第 1 款规定：“对犯罪的预备……的刑事责任，应参酌犯罪的危害程度、犯罪的实施程度、犯罪行为未能完成的原因，来认定是否构成犯罪。”第 2 款规定：“对犯罪的预备……的定罪，适用与犯罪既遂相同的条款。”第 3 款规定：“犯罪预备的处罚较犯罪未遂轻……”可见，中朝两国刑法理论都认为：犯罪预备不是独立的罪名，应当按照犯罪既遂的条款定罪；都应当予以从宽处罚。区别主要在于：第一，中国刑法上规定了犯罪预备行为的定义，而朝鲜刑法典未明确规定。第二，朝鲜刑法典明确地规定犯罪预备不一定具有可罚性，即“应参酌犯罪的危害程度、犯罪的实施程度、犯罪行为未能完成的原因，来认定是否构成犯罪”。中国刑法立法上并未规定，而是从理论上认为应当依据刑法第13条但书来限制犯罪预备的处罚范围。第三，朝鲜刑法典对犯罪预备处罚原则的规定比中国更为可取，朝鲜刑法典明确规定“犯罪预备的处罚较犯罪未遂轻”。而中国只是规定参照犯罪既遂从宽处罚。（2）犯罪未遂。中国刑法第23条第1款规定：“已经着手实行犯罪，由于犯罪分子意志以外的原因而未得逞的，是犯罪未遂。”第2款规定：“对于未遂犯，可以比照既遂犯从轻或者减轻处罚。”朝鲜刑法典第19条第1款规定：“对犯罪的……未遂的刑事责任，应参酌犯罪的危害程度、犯罪的实施程度、犯罪行为未能完成的原因，来认定是否构成犯罪。”第2款规定：“对犯罪的……未遂的定罪，适用与犯罪既遂相同的条款。”第3款规定：“……犯罪未遂的处罚较犯罪既遂轻。”中朝两国对犯罪未遂的区别主要在于：第一，中国刑法规定了犯罪未遂的定义，而朝鲜刑法典未明确规定。第二，朝鲜刑法典明确地规定犯罪未遂不一定具有可罚性，即“应参酌犯罪的危害程度、犯罪的实施程度、犯罪行为未能完成的原因，来认定是否构成犯罪”。中国刑法立法上并未规定，而是从理论上认为应当依据刑法第13条但书来限制犯罪未遂的处罚范围。第三，在犯罪未遂的处罚原则上，中国刑法采取得减主义，而朝鲜刑法典则采取必减主义。（3）犯罪中止。中国刑法第24条第1款规定：“在犯罪过程中，自动放弃犯罪或者自动有效地防止犯罪结果发生的，是犯罪中止。”第2款规定：“对于中止犯，没有造成损害的，应当免除处罚；造成损害的，应当减轻处罚。”朝鲜刑法典第20条第1款规定：“准备犯罪或在实施犯罪的过程中自动完全地中止犯罪的，对所中止的犯罪行为不承担刑事责任。”第2款规定：“但如果其已实施的犯罪行为构成其他重罪的，要承担相关的刑事责任。”可见，中朝两国都把犯罪中止分为预备中止和实行中止两种基本类型。主要的区别在于：第一，处罚原则有所区别。中国刑法根据是否造成损害，分别采取减轻处罚或者免除处罚的原则。而朝鲜刑法典则规定犯罪中止原则上不承担刑事责任。第二，朝鲜刑法典规定如果犯罪中止的行为人已经实施的行为虽然对于本罪而言属于中止，但如果已经构成其他重罪的，不能适用“不追究刑事责任”的一般处罚原则。朝鲜刑法典的这种规定是可取的。例如，为了脱逃把看守人员打成重伤后，又放弃了脱逃的念头的，应当承担故意重伤罪既遂的刑事责任。但中国刑法并无类似规定。

（十四）共同犯罪

中朝两国的刑法都重视对共同犯罪的惩治，相同之处主要有：第一，都认为只有故意犯罪才可能存在共同犯罪。中国刑法第 25 条 1 款规定：“共同犯罪是指 2 人以上共同故意犯罪。”朝鲜刑法典虽然没有明确地规定共同犯罪的概念，但从具体的规定中不难看出其持相同的立场。第二，都规定了犯罪集团。中国刑法不但规定了犯罪集团的概念，而且具体地规定了其处罚原则。朝鲜刑法典也规定了犯罪集团的处罚原则。但两国在共同犯罪的立法规定上存在较大的差异：第一，在共同犯罪人的分类上不同。中国刑法兼采分工分类法与作用分类法，把共同犯罪人分为主犯、从犯、胁从犯和教唆犯。朝鲜刑法典则针对集团犯罪与非犯罪集团的共同犯罪，分别采取不同的分类法，将集团犯罪的共同犯罪人按照作用分类法分为主犯与从犯；将非犯罪集团的共同犯罪的犯罪人分为教唆犯、帮助犯与实行犯。第二，朝鲜刑法典从立法上明确了对非实行犯（教唆犯和帮助犯）按照实行犯的条款定罪的原则。朝鲜刑法典第 22 条第 1 款规定：“非犯罪集团的共同犯罪案件中，对于教唆犯和帮助犯，按照实行犯的相关条款承担刑事责任。”中国刑法立法上无此规定，是根据刑法理论来解决这一问题的。第三，是否规定了共同犯罪与身份之不同。朝鲜刑法典明确规定无身份者可以参与构成身份犯的共同犯罪。朝鲜刑法典第 23 条规定：“具有特定身份的人与不具有特定身份的人共谋，一起实施犯罪的，不具有特定身份的实行者、教唆者、帮助者，同样要承担共同犯罪之实行犯、教唆犯、帮助犯的刑事责任。”中国刑法立法上无此规定，是根据刑法理论来解决这一问题的。第四，是否规定合谋犯罪从重处罚之不同。朝鲜刑法典在分则的许多犯罪中，都将合谋实施犯罪作为适用较重档次法定刑的依据，这也体现了其对共同犯罪从严打击的刑事政策。中国刑法并无类似规定。第五，主犯的处罚原则不同。中国现行刑法已经取消了 1979 年刑法典规定的“主犯从重处罚”的规定，但朝鲜现行刑法典第 21 条规定了主犯从重处罚的原则。第六，教唆犯的处罚原则。中国刑法第 29 条第 1 款规定：“教唆他人犯罪的，应当按照他在共同犯罪中所起的作用处罚。教唆不满 18 周岁的人犯罪的，应当从重处罚。”第 2 款规定：“如果被教唆的人没有犯被教唆的罪，对于教唆犯，可以从轻或者减轻处罚。”朝鲜刑法典第 22 条第 2 款规定：“教唆犯处与实行犯相同或者较重的处罚……”

（十五）连累犯

与共同犯罪密切相关的是无事前通谋的窝藏、包庇、知情不举、放任、掩饰、隐瞒犯罪所得及其收益、毁灭伪造证据等连累犯。各国刑法立法例基于不同的刑事政策，在此问题上的规定差别较大。中国刑法在总则中未规定连累犯，只是在分则中规定了相应的罪名。而朝鲜刑法典在总则中对此作出了一般规定，而且在分则中也作出了具体的规定。(1) 藏匿行为。朝鲜刑法典第24条规定:“对于在犯罪实行时与犯罪无关,但在犯罪实行后藏匿犯罪人或毁灭罪证的人,只有在本法各条款有特别规定时,才承担相关的刑事责任。”如朝鲜刑法典第70条规定了对反国家和反民族犯罪的藏匿罪的刑事责任;第239条规定了对一般犯罪的藏匿罪:“藏匿可判处有期徒刑以上刑罚的犯罪分子或者罪证的,处2年以下劳动改造。”“前款行为累犯或者藏匿实施了杀人、抢劫行为的犯罪分子或者其罪证的,处3年以下有期徒刑。”中国刑法第310条规定了窝藏、包庇罪,第1款规定:“明知是犯罪的人而为其提供隐藏处所、财物,帮助其逃匿或者作假证明包庇的,处3年以下有期徒刑、拘役或者管制;情节严重的,处3年以上10年以下有期徒刑。”第2款规定:“犯前款罪,事前通谋的,以共同犯罪论处。”第312条规定了掩饰、隐瞒犯罪所得、犯罪所得收益罪:“明知是犯罪所得及其产生的收益而予以窝藏、转移、收购、代为销售或者以其他方法掩饰、隐瞒的,处3年以下有期徒刑、拘役或者管制,并处或者单处罚金;情节严重的,处3年以上7年以下有期徒刑,并处罚金。”此外,中国刑法还在第349条规定了包庇毒品犯罪分子罪和窝藏、转移、隐瞒毒品、毒赃罪,在第305条至第307条规定了伪造、毁灭证据的有关犯罪。(2) 不检举行为。朝鲜刑法典第25条规定:“对于明知犯罪人正在预备犯罪或者实行犯罪,而不向相关机关检举的人,只有在本法各条款有特别规定时,才承担相关的刑事责任。”如朝鲜刑法典第71条规定了对反国家犯罪行为的不检举罪的刑事责任;第240条规定了对一般犯罪的不检举罪:“明知正准备实施本法第95条、第278条、第302条犯罪行为或者已经实施犯罪,而不向相关机关进行检举的,处2年以下劳动改造。”中国刑法没有把知情不举的行为笼统地规定为犯罪，只是在刑法第311条规定了拒绝提供间谍犯罪证据罪："明知他人有间谍犯罪行为，在国家安全机关向其调查有关情况、收集有关证据时，拒绝提供，情节严重的，处3年以下有期徒刑、拘役或者管制。"（3）放任行为。朝鲜刑法典第26条规定："对于有危害性的紧急事态有能力阻止，或者可以采取相关的阻止对策，但却没有作为而导致严重后果的人，只有在本法各条款有特别规定时，才承担相关的刑事责任。"如朝鲜刑法典第72条规定了对反国家犯罪行为的放任罪的刑事责任。中国刑法也没有把此种放任行为规定为犯罪（当然国家机关工作人员的放任可能涉嫌玩忽职守罪）。

（十六）罪数

中国刑法立法上未对罪数问题作出明确的规定，由刑法理论来解决相关问题。朝鲜刑法典第43条规定："一个犯罪人实施多种犯罪且可以各自独立地追究其刑事责任的，可以数罪并罚。但是多个犯罪结合成为一个犯罪，或者某一个犯罪是实施其他犯罪的必要前提时，不应当数罪并罚。"这其中包含了法定一罪与处断一罪的规定。

（十七）刑罚种类

中国刑法规定的刑罚分为主刑和附加刑两大类。主刑包括5种：管制、拘役、有期徒刑、无期徒刑、死刑。附加刑包括4类：罚金、剥夺政治权利、没收财产、驱逐出境。朝鲜刑法典中的刑罚包括死刑、无期徒刑、有期徒刑、劳动改造、剥夺选举权、没收财产、剥夺一定权利、暂时剥夺一定权利8种。其中死刑、无期徒刑、有期徒刑、劳动改造为主刑，剥夺选举权、没收财产、剥夺一定权利、暂时剥夺一定权利为附加刑。

（十八）死刑

中朝两国的刑法都规定了死刑。相似之处在于：都规定对未成年人或者怀孕的妇女不能判处或者执行死刑。中国刑法第 49 条规定："犯罪的时候不满 18 周岁的人和审判的时候怀孕的妇女，不适用死刑。"朝鲜刑法典第 29 条第 2 款规定："对于犯罪时不满 18 岁的人不得判处死刑，对于怀孕的妇女不得执行死刑。"不同之处主要在于：第一，是否适用死刑的一般条件作出规定不同。除了在分则中具体规定死刑的适用条件之外，中国刑法还在总则第 48 条第 1 款规定："死刑只适用于罪行极其严重的犯罪分子。"朝鲜刑法典则只在分则中具体规定死刑的适用条件。第二，是否规定死缓不同。中国刑法第 48 条第 1 款规定："……对于应当判处死刑的犯罪分子，如果不是必须立即执行的，可以判处死刑同时宣告缓期 2 年执行。"朝鲜刑法典没有规定这一制度。

（十九）无期徒刑

中朝两国都规定了无期徒刑这一刑种，其相似之处在于：（1）都规定了被判处无期徒刑的罪犯应当接受劳动改造。中国刑法第 46 条规定："被判处……无期徒刑的犯罪分子，在监狱或者其他执行场所执行；凡有劳动能力的，都应当参加劳动，接受教育和改造。"朝鲜刑法典第 30 条第 1 款规定："无期徒刑……是指将犯罪分子送进监狱使之接受劳动教化的方法。"（2）都规定应当剥夺一定的权利。中国刑法第 57 条第 1 款规定："对于被判处……无期徒刑的犯罪分子，应当剥夺政治权利终身。"朝鲜刑法典第 30 条第 2 款规定："无期徒刑……执行期间停止其公民基本权利。"

（二十）有期徒刑

中朝两国对有期徒刑规定的相似之处：（1）都规定了被判处有期徒刑的罪犯应当接受劳动改造。中国刑法第 46 条规定："被判处有期徒刑……的犯罪分子，在监狱或者其他执行场所执行；凡有劳动能力的，都应当参加劳动，接受教育和改造。”朝鲜刑法典第 30 条第 1 款规定：“……有期徒刑是指将犯罪分子送进监狱使之接受劳动教化的方法。”（2）基本期间的上限相同。中朝两国都把有期徒刑的基本期间的上限规定为 15 年。区别主要在于：（1）期间下限不同。中国刑法将有期徒刑的下限规定为 6 个月。（2）数罪并罚时的期间上限不同。中国刑法规定为 20 年，朝鲜刑法典规定为 15 年。（3）是否剥夺一定权利不同。中国刑法规定，对于未被附加剥夺政治权利的有期徒刑罪犯，仍然应当享有政治权利。朝鲜刑法典第 30 条第 2 款规定：“……有期徒刑执行期间停止其公民基本权利。”

（二十一）劳动改造

中国刑法把劳动改造作为无期徒刑、有期徒刑和拘役的内容之一，不是独立的刑种。而朝鲜刑法典则把劳动改造规定为一个独立的刑种。朝鲜刑法典第 31 条第 1 款规定：“劳动改造是指将犯罪分子送到一定的场所使之劳动的方法。”第 2 款规定：“劳动改造执行期间，其公民基本权利受到保障。”第 3 款规定：“劳动改造期间为 6 个月到 2 年。数罪并罚或合并论罪的情况，其劳动改造的期间也不得超过 2 年。”

（二十二）财产刑

中国刑法规定了罚金和没收财产 2 种财产刑，朝鲜刑法典只规定了没收财产这一种财产刑。就没收财产而言，相似之处在于：（1）都规定了应当保留生活费用的问题。中国刑法第 59 条规定：“……没收全部财产的，应当对犯罪分子个人及其扶养的家属保留必需的生活费用。”朝鲜刑法典第 33 条第 2 款规定：“受到有罪判决的人的家属用以保障其最低生活所必需的粮食、日常必需品和钱款不得没收。”（2）都规定了正当债务偿还的问题。中国刑法第 60 条规定：“没收财产以前犯罪分子所负的正当债务，需要以没收的财产偿还的，经债权人请求，应当偿还。”朝鲜刑法典第 35 条规定：“被没收财产人被采取财产保全措施之前的债务，可以用没收的财产按照法定的顺序赔偿。但是对被采取财产保全措施之后的债务，则不可以用没收财产来赔偿。”不同之处在于，朝鲜刑法典第 34 条对没收财产之执行回转作出了规定：“取消没收财产或者案件撤销的情况，归还已没收的财产。如果无法归还实物，则要归还与物品相当的金额。”中国刑法无此规定。

（二十三）资格刑

中国刑法中规定的资格刑是剥夺政治权利。根据中国刑法第 54 条的规定，剥夺政治权利是剥夺下列权利：选举权和被选举权；言论、出版、集会、结社、游行、示威自由的权利；担任国家机关职务的权利；担任国有公司、企业、事业单位和人民团体领导职务的权利。朝鲜刑法典中规定的资格刑包括：（1）剥夺选举权。朝鲜刑法典第 32 条第 1 款规定：“剥夺选举权是指对实施反国家和反民族行为的人，剥夺一定期间的选举权的方法。”（2）剥夺一定权利。朝鲜刑法典第 36 条第 1 款规定：“剥夺一定权利是指受到有罪判决的人原本所享有的一定权利被完全剥夺的方法。”（3）暂时剥夺一定权利。朝鲜刑法典第 37 条第 1 款规定：“暂时剥夺一定权利是指受到有罪判决的人原本所享有的一定权利被暂时剥夺的方法。”就剥夺选举权（政治权利）而言，朝鲜刑法典中的剥夺选举权的适用范围较窄，不适用于普通刑事犯罪，只适用于实施反国家和反民族犯罪行为的人。而中国刑法上的剥夺政治权利的适用对象相对宽泛，具体包括以下 3 类：第一，对于危害国家安全的犯罪分子应当附加剥夺政治权利；第二，对于被判处死刑、无期徒刑的犯罪分子，应当剥夺政治权利终身；第三，对于故意杀人、强奸、放火、爆炸、投毒、抢劫等严重破坏社会秩序的犯罪分子，可以附加剥夺政治权利。

（二十四）量刑的依据

中朝两国刑法都对量刑的依据作出了规定。中国刑法第 61 条规定："对于犯罪分子决定刑罚的时候，应当根据犯罪的事实、犯罪的性质、情节和对于社会的危害程度，依照本法的有关规定判处。"朝鲜刑法典第 38 条明确地规定了在量刑时应当考虑的因素："量定刑罚应当参酌犯罪的性质、目的、动机、手段和方法、实施程度、犯罪分子的悔改程度等。"

（二十五）量刑情节

中朝两国刑法都在总则中对量刑情节作出了规定，两国都规定了减轻处罚、从轻处罚、从重处罚，都未规定加重处罚，但中国刑法规定了免除处罚这一量刑情节。（1）从重处罚情节。中国刑法未集中规定从重处罚情节，而是分散在总则与分则中加以规定。朝鲜刑法典第 39 条规定了 5 种从重处罚情节：犯罪行为的领导者；累犯或者合谋犯罪；用残忍的手段和方法实施的犯罪；对处于其保护之下的人或者利用职务上对其的服从关系对服从者实施犯罪；利用战时或者灾害发生时实施的犯罪。对于从重处罚的幅度，中国刑法第 62 条规定："犯罪分子具有本法规定的从重处罚……的，应当在法定刑的限度以内判处刑罚。"朝鲜刑法典第 41 条第 1 款规定："量刑中对从重处罚……的情况，可在相关刑罚幅度内以其中间刑度为基准从重……处罚。"第 2 款规定："前一款规定的情况所判处的刑罚不能高于……相关条款规定的刑罚幅度的最高刑……"（2）从轻处罚情节。中国刑法未集中规定从轻处罚情节，而是分散在总则与分则中加以规定。朝鲜刑法典第40条规定了9种从轻处罚情节：被动犯罪；初次犯罪；在强烈的精神激动状态下的犯罪；未成年人犯罪；防卫过当、避险过当；犯罪自首的；功勋卓著者实施的犯罪；对所掠夺或者损坏的财物自觉补偿或者恢复原状的；被害人存在过错的犯罪。对于从轻处罚的幅度，中国刑法第62条规定："犯罪分子具有本法规定的……从轻处罚情节的，应当在法定刑的限度以内判处刑罚。"朝鲜刑法典第41条第1款规定："量刑中对……从轻处罚的情况，可在相关刑罚幅度内以其中间刑度为基准……从轻处罚。"第2款规定："前一款规定的情况所判处的刑罚不能……低于相关条款规定的刑罚幅度的……最低刑。"（3）减轻处罚。中国刑法和朝鲜刑法典都未集中规定从重处罚情节，而是分散在总则与分则中加以规定。中国刑法第63条第1款规定："犯罪分子具有本法规定的减轻处罚情节的，应当在法定刑以下判处刑罚。"第2款规定："犯罪分子虽然不具有本法规定的减轻处罚情节，但是根据案件的特殊情况，经最高人民法院核准，也可以在法定刑以下判处刑罚。"朝鲜刑法典第42条规定了减轻处罚制度："在特殊情形下，法院必须在相关条款规定的法定最低刑以下判处刑罚时，可以判处比相关条款规定的法定最低刑更低的刑罚。"

（二十六）数罪并罚

中朝两国刑法都建立了自己的数罪并罚制度。（1）数罪并罚的原则。中朝两国都将限制加重原则作为有期自由刑的数罪并罚原则，对附加刑都采取并科之数罪并罚原则。中国刑法第69条第1款规定："判决宣告以前一人犯数罪的，除判处死刑和无期徒刑的以外，应当在总和刑期以下、数刑中最高刑期以上，酌情决定执行的刑期，但是管制最高不能超过3年，拘役最高不能超过 1 年，有期徒刑最高不能超过 20 年。”第 2 款规定：“如果数罪中有判处附加刑的，附加刑仍须执行。”朝鲜刑法典第 44 条第 1 款规定：“一个犯罪人实施的多个犯罪一同审判时，在对每个犯罪分别量刑之后，将数刑中最高的刑罚与其余犯罪之刑罚的一半进行合并处罚。”第 2 款规定：“数罪并罚时，对各罪的附加刑，仍应与主刑一并适用。”由此可见，中朝两国都以最高刑期作为加重的基点，但在限制加重的具体加重幅度上还是存在差异的，中国是以总和刑期为上限，朝鲜则以其他刑期总和的一半作为加重的数量。（2）都规定了“漏罪并罚”和“新罪并罚”这两种特殊的数罪并罚情形。中国刑法第 70 条规定：“判决宣告以后，刑罚执行完毕以前，发现被判刑的犯罪分子在判决宣告以前还有其他罪没有判决的，应当对新发现的罪作出判决，把前后两个判决所判处的刑罚，依照本法第 69 条的规定，决定执行的刑罚。已经执行的刑期，应当计算在新判决决定的刑期以内。”第 71 条规定：“判决宣告以后，刑罚执行完毕以前，被判刑的犯罪分子又犯罪的，应当对新犯的罪作出判决，把前罪没有执行的刑罚和后罪所判处的刑罚，依照本法第 69 条的规定，决定执行的刑罚。”朝鲜刑法典第 46 条规定：“受到有罪判决的人在判决确定之后刑罚执行完毕之前，实施了新的犯罪或者被发现隐瞒漏罪的，可数罪并罚合并处罚。”（3）有期徒刑与劳动改造之间的折算方法。朝鲜刑法典第 45 条规定了不同刑罚之间的刑期换算方法：“不同犯罪的刑罚期间可量定为同一刑罚的期间，且应以最重的刑种为基准。”“劳动改造 2 天折算为有期徒刑 1 天。”朝鲜刑法典的规定是可取的，而中国刑法中，一直未对管制、拘役、有期徒刑 3 个刑种之间的并罚规则做出明确的规定，成为困扰理论与实务的一个难题。

（二十七）缓刑

中朝两国都规定了缓刑制度。（1）缓刑的适用对象。中国刑法第 72 条规定：“对于被判处拘役、3 年以下有期徒刑的犯罪分子，根据犯罪分子的犯罪情节和悔罪表现，适用缓刑确实不致再危害社会的，可以宣告缓刑。”第 74 条规定：“对于累犯，不适用缓刑。”朝鲜刑法典第 51 条规定：“被判处 5 年以下有期徒刑的人，如果其悔改程度较高、犯罪危害程度相对较轻，法院认为没有必要将其送到监狱接受劳动改造的，可根据下列规定确定缓刑期间，做出缓刑判决。”可见，两国在缓刑的适用对象上是有区别的。（2）缓刑考验期的确定方法不同。中国刑法第 73 条规定：“拘役的缓刑考验期限为原判刑期以上 1 年以下，但是不能少于 2 个月。”第 2 款规定：“有期徒刑的缓刑考验期限为原判刑期以上 5 年以下，但是不能少于 1 年。”朝鲜无拘役这一刑种，因而也无针对拘役犯的缓刑，对于有期徒刑犯是根据其刑期长短的不同分为 2 种情形：3 年以下有期徒刑的缓刑期间为 3 年到 5 年；3 年以上 5 年以下有期徒刑的缓刑期间为 5 年到 7 年。（3）缓刑的法律效果。中国刑法第 76 条规定：“被宣告缓刑的犯罪分子，在缓刑考验期限内，由公安机关考察，所在单位或者基层组织予以配合，如果没有本法第 77 条规定的情形，缓刑考验期满，原判的刑罚就不再执行，并公开予以宣告。”第 77 条第 1 款规定：“被宣告缓刑的犯罪分子，在缓刑考验期限内犯新罪或者发现判决宣告以前还有其他罪没有判决的，应当撤销缓刑，对新犯的罪或者新发现的罪作出判决，把前罪和后罪所判处的刑罚，依照本法第 69 条的规定，决定执行的刑罚。”第 2 款规定：“被宣告缓刑的犯罪分子，在缓刑考验期限内，违反法律、行政法规或者国务院公安部门有关缓刑的监督管理规定，情节严重的，应当撤销缓刑，执行原判刑罚。”朝鲜刑法典第 52 条第 1 款规定：“被适用缓刑的罪犯如果在缓刑期间内没有实施新的犯罪，可以认为对其所做出的判决已经执行完毕。”第 2 款规定：“被适用缓刑的罪犯如果在缓刑期间内实施了新的犯罪，其被缓刑的全部刑罚或者一部分刑罚可以和新实施的犯罪所量定的刑罚合并处罚。但合并刑罚时有期徒刑的期间不得超过 15 年。”中朝两国在缓刑的法律效果问题上的规定至少存在 2 个区别：（1）缓刑的撤销条件不同。朝鲜只限于犯新罪，而我国还包括发现漏罪与实施严重违法行为。（2）撤销缓刑时是否需将原判刑罚全部与新罪刑罚并罚不同。中国是全部并罚，而朝鲜则留有余地，可以只将原判刑罚的一部分与新罪之刑并罚。

（二十八）假释

中朝两国都规定了假释制度。（1）假释的适用对象与条件。中国刑法第 81 条第 1 款规定：“被判处有期徒刑的犯罪分子，执行原判刑期 1/2 以上，被判处无期徒刑的犯罪分子，实际执行 10 年以上，如果认真遵守监规，接受教育改造，确有悔改表现，假释后不致再危害社会的，可以假释。如果有特殊情况，经最高人民法院核准，可以不受上述执行刑期的限制。”第 2 款规定：“对累犯以及因杀人、爆炸、抢劫、强奸、绑架等暴力性犯罪被判处 10 年以上有期徒刑、无期徒刑的犯罪分子，不得假释。”朝鲜刑法典第 54 条第 1 款规定：“受到无期徒刑、有期徒刑、劳动改造判决的人，在执行过程中，真心反省自己的罪行，为了改正错误积极劳动，如果被认为达到了劳教改造的目的的，在有期徒刑、劳动改造刑期的执行超过一半以后，可免除刑罚的执行。无期徒刑执行超过 15 年以后，可免除刑罚或者变更为有期徒刑。”可见，两国刑法在假释的适用对象的规定上存在一定的差异。（2）

假释的适用程序。根据中国刑法第 82 条、第 79 条的规定，对于犯罪分子的假释，由执行机关向中级以上人民法院提出假释建议书。人民法院应当组成合议庭进行审理，对认真遵守监规，接受教育改造，确有悔改表现，假释后不致再危害社会的犯罪人，可以裁定予以假释。非经法定程序不得假释。朝鲜刑法典第 54 条第 2 款规定："刑罚执行的免除或者变更由刑罚执行机关提出建议，由相关法庭经审理决定。"可见，两国都非常重视对假释的程序的规范。

（二十九）赦免

赦免是一种重要的刑罚消灭制度。但中国刑法并未明确地规定这一制度。但中国宪法第 67 条规定："全国人民代表大会常务委员会行使下列职权：……（十七）决定特赦……"第 80 条规定："中华人民共和国主席根据……全国人民代表大会常务委员会的决定……发布特赦令……"朝鲜刑法典中规定了特赦与赦免这一刑罚消灭制度。朝鲜刑法典第 53 条第 1 款规定："特赦或者赦免，是指对受到有罪判决的人免除刑罚。"第 2 款规定："特赦或者赦免，由最高人民会议常任委员会决定实施。"

（三十）追诉时效

中朝两国都规定了追诉时效制度，都未规定行刑时效制度。(1) 追诉时效期间的一般规定。中国刑法第 87 条将追诉时效的期限分为以下 4 个等级：法定最高刑为不满 5 年有期徒刑的，经过 5 年；法定最高刑为 5 年以上不满 10 年有期徒刑的，经过 10 年；法定最高刑为 10 年以上有期徒刑的，经过 15 年；法定最高刑为无期徒刑、死刑的，经过 20 年，如果 20 年以后认为必须追诉的，须报请最高人民检察院核准。朝鲜刑法典第 56 条规定的追诉时效期间分为 5 个等级：可判处 2 年以下劳动改造的犯罪行为，从实施之日起，超过 5 年的；可判处 5 年以下有期徒刑的犯罪行为，从实施之日起，超过 8 年的；可判处 5 年以上 10 年以下有期徒刑的犯罪行为，从实施之日起，超过 12 年的；可判处 10 年以上有期徒刑的犯罪行为，从实施之日起，超过 15 年的；可判处无期徒刑的犯罪行为，从实施之日起，超过 20 年的。（2）不受追诉时效限制的犯罪。中国刑法没有规定不受追诉时效限制的犯罪类型，但朝鲜刑法典第 57 条规定了 2 类不受追诉时效限制的犯罪：一是反国家和反民族犯罪；二是重故意杀人罪。（3）追诉时效的延长和中断。中国刑法第 88 条规定了 2 种追诉时效延长的情形，第 1 款规定：“在人民检察院、公安机关、国家安全机关立案侦查或者在人民法院受理案件以后，逃避侦查或者审判的，不受追诉期限的限制。”第 2 款规定：“被害人在追诉期限内提出控告，人民法院、人民检察院、公安机关应当立案而不予立案的，不受追诉期限的限制。”中国刑法第 89 条第 2 款规定了追诉时效中断制度：“在追诉期限以内又犯罪的，前罪追诉的期限从犯后罪之日起计算。”朝鲜刑法典第 58 条规定：“在超过本法第 56 条规定的期间之前，从犯罪分子实施了新的犯罪之日起，或者从其逃避侦查、审判之日起，或者从决定对案件启动刑事诉讼程序之日起，重新计算追诉时效期间。”

（三十一）前科消灭制度

中国刑法上没有规定前科消灭制度，反而在刑法第 100 条规定：“依法受过刑事处罚的人，在入伍、就业的时候，应当如实向有关单位报告自己曾受过刑事处罚，不得隐瞒。”朝鲜刑法典第 55 条则规定：“受到特赦、赦免或者刑罚执行已经完毕的人，从受到特赦、赦免之日或者刑罚执行完毕之日起，与没有犯罪的人在法律地位上没有差别。”